사회통합 프로그램 사전평가

실전 모의고사

시대에듀

낯선 한국 땅에서 사회통합프로그램 사전평가에 응시하는 이민자들이 시험에 대한 정보를 얻거나 제대로 된 학습서를 구하기는 쉽지 않습니다. 이에 사전평가 안내서나 모의고사 도서를 원하는 수험생의 요구에 맞춰 〈사회통합프로그램 사전평가 실전 모의고사〉를 출간하게 되어 무척 기쁩니다.

최근 한국의 위상이 높아지는 만큼 국내 체류 외국인 또한 점차 늘고 있습니다. 이민자들이 한국 사회에 자리를 잡고 정착하기 위해서는 언어적·사회적 소통이 중요할 수밖에 없습니다. 따라서 입국 초기부터 한국어와 한국 사회에 대한 체계적인 교육이 필요합니다. 이에 법무부에서는 이민자들의 안정적인 한국 사회 정착을 돕기 위해 사회통합프로그램을 실시하고 있으며, 매년 많은 수의 이민자가 사전평가에 응시하고 있습니다.

사회통합교육연구회는 낯선 한국에서 시험을 준비해야 하는 이민자들이 시험장에서 당황하지 않고 안정적으로 자신의 실력을 발휘할 수 있기를 바라며 〈사회통합프로그램 사전평가 실전 모의고사〉를 기획하였습니다.

출입국·외국인청(사무소)장 주최 및 한국이민재단 주관으로 실시하는 사전평가는 필기시험과 구술시험으로 나뉘며, 필기시험은 한국어와 한국 문화, 한국 사회 이해에 대한 문제로 이루어져 있습니다. 이 책은 수험생의 실력 향상에 도움이 되도록 최신 문제 유형을 완벽하게 녹여낸 실전 모의고사 5회분을 구성·수록하였습니다. 또한 많은 수험생이 어려워하는 OMR 답안 작성을 연습할 수 있도록 부록으로 OMR 답안지도 함께 제공하여 수험생이 효과적으로 사전평가를 대비할 수 있도록 하였습니다.

이 책으로 공부하는 수험생 여러분 모두에게 좋은 결과가 있기를, 그리고 안정적으로 한국 사회에 정착하기를 기원합니다.

편저 사회통합교육연구회 씀

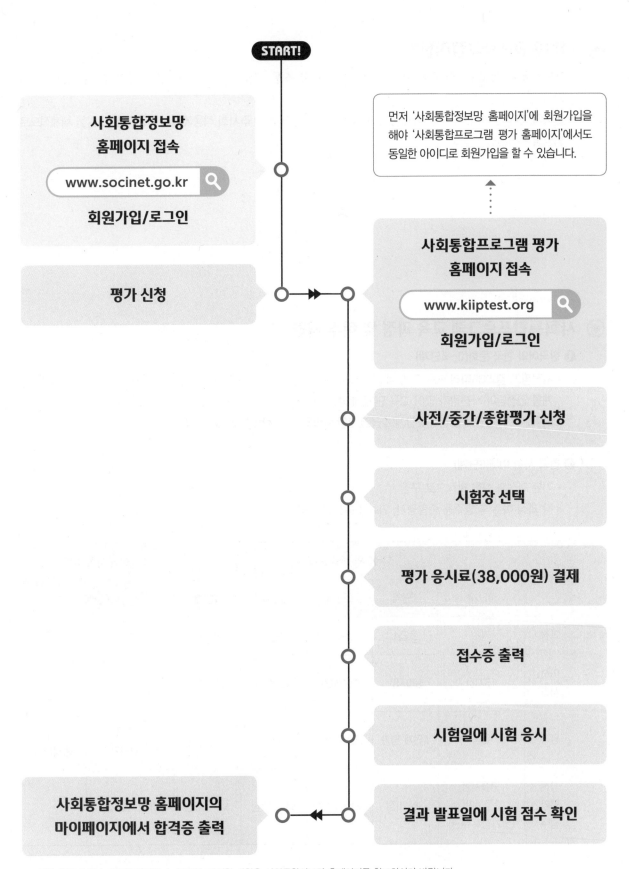

한눈에 보는 사회통합프로그램 평가 신청 방법

START!

사회통합정보망 홈페이지 접속
www.socinet.go.kr
회원가입/로그인

먼저 '사회통합정보망 홈페이지'에 회원가입을 해야 '사회통합프로그램 평가 홈페이지'에서도 동일한 아이디로 회원가입을 할 수 있습니다.

평가 신청

사회통합프로그램 평가 홈페이지 접속
www.kiiptest.org
회원가입/로그인

사전/중간/종합평가 신청

시험장 선택

평가 응시료(38,000원) 결제

접수증 출력

시험일에 시험 응시

결과 발표일에 시험 점수 확인

사회통합정보망 홈페이지의 마이페이지에서 합격증 출력

※ 관련 규정과 세부 내용은 변경될 수 있으며, 자세한 사항은 사회통합정보망 홈페이지를 참고하시기 바랍니다.
※ 평가 응시료 개정 고시(2021.3.10.)

사회통합프로그램 안내

✪ 사회통합프로그램이란?

- 대한민국에 체류하는 이민자가 한국 사회의 구성원으로 적응·자립할 수 있도록 지원하기 위해 마련된 사회통합 교육
- 한국어, 한국 문화, 한국 사회 이해, 시민 교육 등으로 구성되어 한국 사회 적응에 필수적인 기본 소양을 체계적으로 함양할 수 있음

✪ 사회통합프로그램 교육 과정 및 이수 시간

❶ 한국어와 한국 문화(0~4단계)

- 사전평가 결과에 따라 교육 단계 배정. 한국어능력시험(TOPIK) 등급 소지자는 프로그램에서 동일한 수준의 단계를 인정받아 사전평가 없이 교육 단계 배정
- 0단계(기초), 1단계(초급1), 2단계(초급2), 3단계(중급1), 4단계(중급2)로 구성

❷ 한국 사회 이해(5단계)

- 기본 과정과 심화 과정으로 구성
- 각 과정 이수 후 영주용 종합평가, 귀화용 종합평가 응시

단계	한국어와 한국 문화					한국 사회 이해	
	0단계	1단계	2단계	3단계	4단계	5단계	
과정	기초	초급1	초급2	중급1	중급2	기본	심화
이수 시간	15시간	100시간	100시간	100시간	100시간	70시간	30시간
평가	없음	1단계 평가	2단계 평가	3단계 평가	중간평가	영주용 종합평가	귀화용 종합평가
사전 평가 점수	구술시험 3점 미만 (필기점수 무관)	3~20점	21~40점	41~60점	61~80점	81~100점	–

※ 2018.9.21.부터 사전평가 85점 이상 득점자는 바로 영주용 종합평가 신청이 가능합니다.(단, 5단계 기본 과정 수료 없이 영주용 종합평가에 합격하더라도 이수 완료로는 인정되지 않음)

※ 2021.8.16.부터 이수 시간이 변경되어 위와 같이 진행되며, 변경 이전의 교육 과정과 이수 시간은 사회통합정보망으로 문의하시기 바랍니다.

⊛ 사회통합프로그램 이수 혜택

❶ 귀화 신청 시 혜택
- 귀화 신청자 대상 귀화용 종합평가 합격 인정: 평가 합격자, 3회 수료자 공동
- 귀화 면접심사 면제: 2018.3.1. 이후부터 평가 합격자만 해당. 3회 수료자는 귀화 면접심사에 응시해야 함

❷ 영주자격 신청 시 혜택
- 기본 소양 요건 충족 인정
- 실태조사 면제

❸ 그 외 체류자격 신청 시 혜택
- 가점 등 점수 부여
- 한국어 능력 등 입증 면제

❹ 사증(VISA) 신청 시 혜택
한국어 능력 등 입증 면제

⊛ 참여 대상

❶ 외국인등록증 또는 거소신고증을 소지한 합법 체류 외국인 또는 귀화자
❷ 국적 취득일로부터 3년이 지난 귀화자는 제외

⊛ 사회통합프로그램 평가 단계

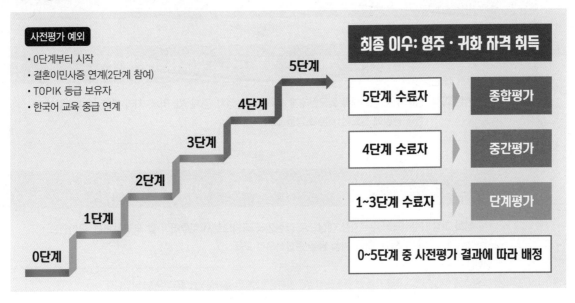

사회통합프로그램 안내

✪ 사회통합프로그램 교육 신청 방법

사회통합프로그램 교육 신청은 온라인으로만 가능함

회원가입

사회통합정보망 홈페이지(www.socinet.go.kr)에서 회원가입 후 로그인

단계 배정

❶ 0단계부터 시작

'사회통합프로그램' 메뉴 ➡ '단계 배정' 메뉴에서 '0단계부터 시작' 신청

❷ 사전평가를 통한 단계 배정

'사회통합프로그램' 메뉴 ➡ '단계 배정' 메뉴에서 '사전평가를 통한 단계 배정' 신청 ➡
사회통합프로그램 평가 홈페이지(www.kiiptest.org)로 자동 연결 ➡ 회원가입/로그인 ➡
사전평가 신청 ➡ 평가 응시료 결제 ➡ 접수증 출력 ➡ 시험 응시 ➡ 단계 배정

교육 신청 및 배정

신청 기간 내에 사회통합정보망 홈페이지 '과정 신청' 메뉴에서 배정받은 단계의 수업 수강신청

'한국어와 한국 문화' 과정 0~3단계 이수 + 단계별 평가

'한국어와 한국 문화' 과정 4단계 이수 + 중간평가

'한국 사회 이해' 기본 과정 이수 + 영주용 종합평가

기본 과정: 영주자 등 장기체류 외국인에게 사회, 문화, 정치, 경제, 법, 역사, 지리 영역 전반에 걸쳐
한국 생활에 필요한 기본 소양을 교육

'한국 사회 이해' 심화 과정 이수 + 귀화용 종합평가

심화 과정: 기본 과정 수료자를 대상으로 대한민국 국민으로서 갖추어야 할 국가정체성, 국가안보,
통일, 외교, 헌법, 가치 등을 종합적으로 교육

※ 사회통합프로그램 신청 기간과 관련 규정 등 자세한 사항은 사회통합정보망 홈페이지를 참고하시기 바랍니다.

✪ 사회통합프로그램 교육 관련 Q&A

수강신청 절차

Q 사회통합프로그램 교육 단계 배정을 받았습니다. 수업을 듣기 위한 수강신청은 어떻게 하나요?

A 사회통합프로그램 교육은 1년에 3학기를 기본으로 운영하되, 지역에 따라서 2학기로 운영되기도 합니다. 매 학기 시작 전이나 학기 초반에 사회통합정보망 '과정 신청' 메뉴에서 교육 기간과 교육 시간, 교육 장소, 수업 정원 등을 확인하고 수강신청 기간 내에 온라인으로 선착순 신청해야 합니다.

[사회통합프로그램 학기]

학기	1학기	2학기	3학기
운영 기간	1월~5월	5월~8월	8월~12월

수강신청 기간을 놓쳤다면 다음 학기에 참여해야 하며, 수강신청 기간은 출입국관서 관할 지역별로 다를 수 있으니, 구체적인 일정은 가까운 운영 기관 또는 출입국관서 이민통합지원센터로 문의하시기 바랍니다.

체류지 관할 외 수강신청

Q 등록한 체류지와 다른 지역에서 직장을 다니며 주말에만 집에 갑니다. 직장을 다니는 평일에 체류지의 출입국 관할이 아닌 가까운 운영 기관에서 수업을 듣고 싶은데 방법이 있나요?

A 특별한 이유로 체류지 관할 지역 외에 소재하는 운영 기관에서 교육을 받고자 하는 사람은 관련 서류(재직증명서 등)를 수강하고자 하는 지역 관할 출입국관서에 제출하고 사전 확인을 받아야 참여가 가능합니다.
단, 출입국관리법 제36조에 따른 체류지 변경신고 사항에 해당될 경우 신청은 반려되며, 체류지 변경신고 후 변경된 체류지 관할 운영 기관에 신청하시기 바랍니다.

이수 완료까지 걸리는 시간

Q 이수 완료까지 가장 짧은 소요 기간은 얼마인가요?

A 참여자의 교육 시작 단계와 재수강 여부, 운영 기관의 학기 운영 방식, 수업 중단 여부에 따라 달라지므로 단정지어 답하기 어렵지만 0단계부터 참여하여 수업 중단이나 재수강 없이 승급한 경우에 3학기제에서는 약 1년 8개월, 2학기제에서는 약 2년 반 정도 소요됩니다. 그러나 한 단계에서라도 평가에 불합격하여 재수강을 하게 되거나, 수업 중단 기간이 있다면 늘어날 수 있습니다.

주말반 수업

Q 직장을 다니고 있어 주말에만 수업이 가능합니다. 야간이나 주말에도 수업을 들을 수 있나요?

A 사회통합프로그램 수업은 주중 주간반 외에도 주중 야간반, 주말반까지 다양한 시간대로 운영됩니다. 구체적인 일정은 가까운 운영 기관 또는 출입국관서 이민통합지원센터로 문의하시기 바랍니다.

사회통합프로그램 사전평가 안내

✴ 사전평가란?

- 사회통합프로그램 참여자의 한국어 능력 등을 측정하여 수준에 맞는 교육 단계와 교육 시간을 배정하기 위한 시험
- 사회통합프로그램에 참여하기 위해서는 사전평가에 응시하여 자신의 실력에 맞는 단계를 배정받아야 함

✴ 사전평가 응시

❶ 신청 대상: 외국인등록증 또는 거소신고증을 소지한 합법 체류 외국인 또는 귀화자

❷ 신청 대상 제한

- 국적 취득일로부터 3년이 지난 사람
- 사전평가로 단계를 배정받아 교육에 참여 중인 사람
- 이수 정지일로부터 6개월이 지나지 않은 사람
- 사회통합프로그램 참여 중 제적되어 참여가 금지된 사람

❸ 이미 단계를 배정받은 사람의 사전평가 재응시: 아래에 해당하는 사람은 본인이 원하면 사전평가에 다시 응시하여 그 결과에 따라 교육 단계를 다시 배정받을 수 있음

- 이수 정지일로부터 6개월이 지난 사람
- 사전평가로 단계 배정을 받았으나 교육에 참여하지 않은 사람
- 사전평가 외 단계 배정 방법에 따라 교육 단계를 배정받아 참여 중인 사람

※ 단, 사전평가에 다시 응시할 경우 이전 교육 과정의 출석 시간 · 이수 시간 등은 무효가 되고, 새로 응시하여 나온 결과에 따라 단계가 배정됩니다. 재응시 결과, 기존에 참여 중인 교육 단계보다 낮은 단계에 배정되더라도 그 결과에 따라야 합니다.

✴ 평가 방법(CBT · PBT 동일)

시험 종류 〳 구분	문항 유형	평가 항목	문항 수	배점(총 100점)
필기시험 (50문항, 60분)	객관식	한국어	38문항	75점 (50문항×1.5점)
		한국 문화	10문항	
	단답형 주관식	한국어	2문항	
구술시험 (5문항, 약 10분)	읽기	한국어	1문항	25점 (5문항×5점)
	이해하기		1문항	
	대화하기		1문항	
	듣고 말하기		2문항	

⊛ 사전평가 외 단계 배정 방법

단계	단계 배정 방법	① 0단계부터 시작	② 한국어능력시험(TOPIK) 등급 보유자	③ 결혼이민사증 연계	④ 한국어 교육 중급 연계
한국어와 한국 문화	0단계	배정	–	–	–
	1단계(초급1)	–	–	–	–
	2단계(초급2)	–	1급	배정	–
	3단계(중급1)	–	2급	–	–
	4단계(중급2)	–	3급	–	–
한국 사회 이해	5단계(기본)	–	4~6급	–	배정

※ 배정 단계 유효 기간: 단계 배정을 받은 날로부터 2년

❶ 0단계부터 시작

사전평가 없이 0단계(한국어와 한국 문화 기초)부터 교육 참여

❷ 교육부 국립국제교육원 주관 한국어능력시험(TOPIK) 등급 보유자

한국어능력시험(TOPIK) 등급 보유자가 연계평가 신청을 하면 사전평가 없이 TOPIK 등급에 따라 단계 배정

❸ 결혼이민사증 연계

2014.4.1. 개정 「결혼이민(F-6)사증발급지침」에 따라 기초적인 한국어 의사소통이 가능함을 입증한 후 결혼사증을 발급받고 한국에 입국한 결혼이민자는 사전평가 없이 2단계 배정

❹ 한국어 교육 중급 연계

타 기관에서 한국어 교육을 받은 이민자가 중급 연계과정으로 응시한 중간평가에 합격하면 5단계 배정

✱ CBT 답안 작성 방법

수험생은 반드시 자신의 시험 접수증(수험표)과 신분증을 지참해야 합니다.

❶ 지정된 일자와 장소에서 응시하시기 바랍니다. 시험 당일 시험 시작 20분 전까지는 반드시 입실해야 하며, 감독관의 안내를 듣고 배정된 좌석에 앉아 지시를 따라야 합니다.

※ 시험 시작 이후에는 시험장에 들어갈 수 없습니다.

❷ CBT(객관식) 시험 답안은 화면에 나오는 번호를 클릭(❶)하거나 오른쪽에 보이는 번호를 클릭(❷)하여 입력할 수 있습니다.

※ 개인의 부주의로 입력되지 않은 문항에 대한 책임은 본인에게 있습니다.

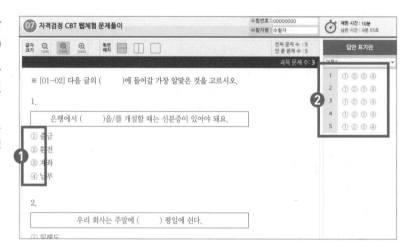

✱ PBT 답안 작성 방법

수험생은 반드시 자신의 시험 접수증(수험표), 신분증, 필기구(컴퓨터용 검은색 사인펜, 수정테이프 등)를 지참해야 합니다.

❶ 지정된 일자와 장소에서 응시하시기 바랍니다. 시험 당일 지정된 좌석에 앉아 감독관의 지시에 따라야 합니다.

※ 시험 시작 이후에는 시험장에 들어갈 수 없습니다.

❷ 답안지의 모든 기재와 표기 사항은 컴퓨터용 검은색 사인펜으로만 작성해야 합니다.

❸ 올바른 OMR 답안지 기재 방법에 따라 답안을 작성해야 합니다.

※ 잘못된 필기구 사용과 답안지의 불완전한 마킹으로 발생한 답안 작성 오류는 본인에게 책임이 있습니다.

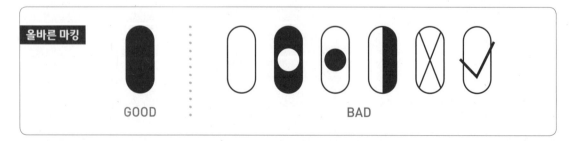

❹ 시험 종료 후 감독관의 지시가 있을 때까지 퇴실할 수 없으며, 지급된 모든 문제지와 답안지는 반드시 제출해야 합니다.

✴ 주의사항

❶ 신분증(외국인등록증, 여권, 한국 운전면허증, 사진이 첨부된 체류허가 신청확인서)을 지참하지 않으면 시험에 응시할 수 없습니다.

  ※ 신분증 사본, 사진 촬영본 등 원본이 아닐 경우, 응시할 수 없습니다.

❷ 시험 시간 중에는 화장실을 이용할 수 없으므로 유의하시기 바랍니다.

  ※ 불가피한 경우에는 화장실을 이용할 수 있으나 시험장에 다시 들어갈 수 없습니다.

❸ 전자기기(휴대폰, 스마트 워치 등)를 사용하거나 대리 응시 등 현장 감독관의 지시를 따르지 않고 부정행위를 할 경우 퇴실해야 하며, 1년 동안 사회통합프로그램에 참여할 수 없습니다.

✴ 구술시험 안내

❶ 구술시험은 필기시험과 같은 날, 필기시험이 끝난 후 실시됩니다.

❷ 구술시험은 약 10분 동안 진행됩니다.

❸ 구술시험 대기실에서 구술시험 채점표 2장을 받습니다.

❹ 받은 채점표에 자신의 이름을 영어로 정확하게 적고, 외국인등록번호, 시험 일시, 지역을 바른 글씨로 적습니다.

구술시험 채점표

☐ 평가구분: 사전평가

성명	Hong Gil Dong	시험 일시	20○○.○○.○○.	구술시험관	성명	
외국인등록번호	91○○○○-5○○○○○○	지역	서울		서명	

※ 제시된 그림은 예시입니다. 실제 시험장의 상황에 따라 자세한 내용은 달라질 수 있습니다.

❺ 구술시험 채점표를 작성한 뒤, 채점표와 외국인등록증을 가지고 순서가 될 때까지 기다립니다.

❻ 순서가 되면 구술시험 채점표와 외국인등록증을 들고 시험장에 들어갑니다.

❼ 시험장에 들어갈 때는 예의 바르게 인사를 하고, 감독관에게 구술시험 채점표와 외국인등록증을 제출합니다.

❽ 정해진 자리에 앉아 감독관의 지시대로 문제지를 읽고, 질문에 대답합니다.

❾ 구술시험이 끝난 뒤에는 감독관에게 인사를 합니다.

❿ 시험장을 나올 때 외국인등록증을 반드시 돌려받아야 합니다.

시험 준비 TIP

✦ 필기시험

필기시험에는 어떤 문제가 나올까요? 자주 나오는 문제 유형을 살펴봅시다! YouTube 채널 '사회통합프로그램 STUDY'에 업로드되는 무료 강의를 보면서 공부하면 공부 효과를 두 배로 높일 수 있습니다.

1 제시된 사진을 설명하는 어휘나 행동을 나타내는 문장 찾기

제시된 사진 속 사물의 어휘나 행동을 나타내는 문장을 찾습니다. 보통은 생활 속에서 많이 쓰이는 어휘를 묻는 문제가 나오지만, 요즘은 행동을 나타내는 문장도 자주 나오므로 평소에 어휘를 잘 정리해 두는 것이 좋습니다.

2 유의어나 반의어 찾기

문장을 읽고 밑줄 친 부분의 뜻을 생각한 뒤, 선택지에서 유의어(뜻이 서로 비슷한 말)나 반의어(뜻이 서로 반대인 말)를 찾습니다. 선택지를 하나씩 넣어 문장의 뜻이 같거나 반대가 되는 것을 찾아도 좋습니다.

3 문맥에 맞는 조사나 어미 찾기

빈칸의 앞뒤 내용을 잘 읽고 어떤 내용과 관계가 있을지 생각합니다. 선택지에서 어휘는 같고, 조사나 어미만 달라지므로 문맥에 맞는 조사나 어미를 찾습니다.

4 문맥에 맞는 어휘 찾기

먼저 빈칸을 제외한 나머지 문장을 읽어 봅니다. 빈칸에 어떤 내용이 와야 할지 생각을 한 뒤, 선택지에서 알맞은 어휘를 찾습니다.

5 틀린 어휘 찾기

문장을 읽고 자연스럽지 못한 부분을 찾습니다. 시제나 피동·사동 부분에서 출제가 많이 되므로 이 부분에 주의하며 선택지를 살펴봅니다.

6 한국 문화 알기

한국 문화를 잘 알고 있는지 묻는 유형입니다. 제1편 핵심 이론의 내용을 학습하며 꼭 정리해 둡니다.

세부 내용 파악하기, 중심 내용 찾기, 제목 찾기

문제와 선택지를 먼저 읽고, 어디에 중점을 두어 글을 읽어야 할지 생각합니다. 글을 읽으며 정답과 관련 없는 선택지에 X표 하며 빠르게 정답을 찾습니다.

문맥에 맞는 표현 찾기(단답형 주관식)

앞뒤의 내용을 읽고 어떤 뜻의 어휘를 어떤 어미를 사용하여 넣어야 할지 생각합니다. 글의 흐름을 잘 이해하는 것이 중요하므로 앞 문장의 뜻을 잘 파악해야 합니다.

※ 문제의 유형은 실제 시험과 다를 수 있습니다.

✪ 구술시험

구술시험은 여러분의 듣기와 말하기 능력을 평가하는 시험입니다. 감독관의 질문을 듣고 내 생각을 또박또박, 정확한 발음으로 말할 수 있어야 합니다. 말하기 연습 시간이 부족한 학습자들을 위해 구술시험에서 좋은 점수를 받기 위한 방법을 소개합니다.

소리 내어 말하기

먼저 내가 생각한 답을 적은 후, 해설과 비교해 보세요. 자신이 적은 답에 부족한 부분이 있다면 답을 다시 적어 봅시다. 그리고 가장 중요한 것은 정리한 답을 직접 소리 내어 말해 보는 것입니다. 직접 소리 내어 말하는 연습을 하지 않고 시험을 보러 가면 너무 떨려서 알고 있는 것도 대답하지 못할 수 있습니다. 반드시 직접 말해 보는 연습을 해야 합니다.

모범 답안 확인하기

어휘는 생각이 나는데 하나의 문장으로 말하기 어려운 경우가 있습니다. 그럴 때는 질문을 보고 생각나는 어휘를 모두 말해 본 후 교재의 모범 답안을 확인합니다. 자신이 생각하고 있는 어휘와 표현이 질문에 적절한지 확인한 다음, 모범 답안의 문장을 암기하고 대답하는 연습을 해 봅시다. 익숙해지면 모범 답안을 내 생각에 맞게 조금 변형시켜 암기해도 좋습니다. 처음에는 어렵지만 모범 답안을 암기해서 말하는 연습으로 한국어 어휘와 표현을 많이 접한다면 나중에는 모범 답안을 보지 않고도 자연스러운 대답을 할 수 있을 것입니다.

내 대답을 녹음해서 들어 보기, 동영상으로 대답하는 모습 촬영해서 보기

대답을 녹음해서 듣거나 동영상을 촬영해 보면 발음이 정확한지, 너무 빠르게 혹은 느리게 말하지는 않는지, 목소리가 너무 작거나 크지는 않은지 등을 알 수 있습니다. 그리고 대답할 때 몸을 흔들거나 다리를 떠는 등의 나쁜 습관은 없는지도 확인할 수 있습니다. 나쁜 습관을 고친 뒤 구술시험을 보면 훨씬 좋은 점수를 받을 수 있을 것입니다.

국적을 가진 사람에게만 선거권이 주어집니다.

ⓒ 지방 선거: 영주권을 얻은 지 3년이 경과한 만 18세 이상의 외국인은 대한민국의 국민이 아니더라도 지방 선거의 선거권이 주어집니다. 다문화 가정과 이민자가 늘어나고 있기 때문에 영주권자에게도 지역의 일꾼을 뽑는 선거권을 부여합니다.

핵심체크 Quiz

4 한국의 대통령은 세 번까지 연속해서 할 수 있다. (○, ×)

5 보통 선거는 성별 · 재산 · 학력 · 권력 · 종교 등의 조건에 관계없이 공평하게 한 표씩 투표하는 방식이다. (○, ×)

6 대한민국의 국민이 아닌 외국인은 어떠한 경우에도 투표를 할 수 없다. (○, ×)

정답 4 × 5 × 6 ×

제2장 한국 문화 · 9

핵심 이론

실제 사전평가에 자주 출제되는 이론을 수록하였습니다. 핵심 이론을 학습한 후 Quiz로 배운 내용은 바로 복습해 봅시다.

제 **1** 회 **실전 모의고사**

모바일 OMR 자동채점

시험 시간 60분(객관식 + 단답형 주관식) | 정답 및 해설 p.53
모바일 OMR 자동채점 서비스 실시!

※ [01-02] 다음을 보고 (   )에 알맞은 것을 고르시오.

01

가: 이 사람들은 뭐 하고 있어요?
나: (   ).

실전 모의고사

어떤 문제가 나와도 당황하지 않고 풀 수 있도록 실전 모의고사 5회분을 수록하였습니다. 실제 시험처럼 시간을 재면서 문제를 풀어 봅시다. 그리고 직접 소리 내어 답을 말해 보며 구술시험까지 준비해 봅시다.

---

01 정답 ①

사진 속의 사람들이 차를 마시고 있으므로 정답은 '차를 마셔요'이다.

图片上的人物在喝茶，所以正确答案是"차를 마셔요(喝茶)"。

02 정답 ②

'에서'는 어떤 상황이 일어나는 장소를 나타내는 조사이다.

表示动作进行的场所的助词是"에서"。

03 정답 ④

'비싸요(비싸다)'의 반대말은 '저렴한(저렴하다)'이다.
① 가벼운(가볍다) ↔ 무거운(무겁다)
② 얇은(얇다) ↔ 두꺼운(두껍다)
③ 깨끗한(깨끗하다) ↔ 더러운(더럽다)

"비싸요(비싸다)"的反义词是"저렴한(저렴하다)"。
④ 비싸다(贵) ↔ 저렴하다(便宜)
① 가볍다(轻) ↔ 무겁다(重)
② 얇다(薄) ↔ 두껍다(厚)
③ 깨끗하다(干净) ↔ 더럽다(脏)

정답 및 해설

전 문항에 대한 한국어와 중국어 해설을 수록하였습니다. 필기시험 해설부터 구술시험 모범 답안까지 상세한 해설로 혼자서도 쉽게 공부할 수 있습니다.

부록 구술시험 가이드

1. 구술시험이란?

- 구술시험에서는 읽기 · 말하기 능력, 상황과 주제에 맞게 대화하는 능력을 평가합니다.
- 중간평가와 종합평가 구술시험 문제는 배운 내용을 근거로 출제됩니다. 단, 사전평가는 배운 내용이 아닌, 응시자가 기존에 알고 있는 지식을 평가합니다.
- 시험 진행
  - 구술시험은 필기시험과 같은 날, 필기시험이 끝난 후에 실시됩니다.
  - 구술시험은 한 사람당 약 10분간 진행됩니다.
  - 시험은 5문항이 출제되며, 2명의 구술시험 감독관이 동시에 평가합니다.
  - 사전평가에서는 5명, 중간평가와 종합평가는 2명씩 입실하여 구술시험에 응시하게 됩니다.
    (※ 시험장마다 입실 인원은 다를 수 있습니다.)

2. 구술시험장 미리 보기

(1) 대기실에서 준비하기

① 구술시험 채점표를 2장 받습니다.
② 2장의 구술시험 채점표에 성명, 외국인등록번호, 시험일, 지역을 정확히 적습니다.

부록 구술시험 가이드

시험장에서 구술시험이 어떻게 진행되는지 이해하기 쉽게 시험 진행 순서대로 정리하였습니다. 평가 단계별 구술시험 미리 보기, 구술시험 고득점 Tip, 구술시험에 자주 나오는 문제 등을 꼼꼼히 수록하여 구술시험을 빈틈없이 준비할 수 있습니다.

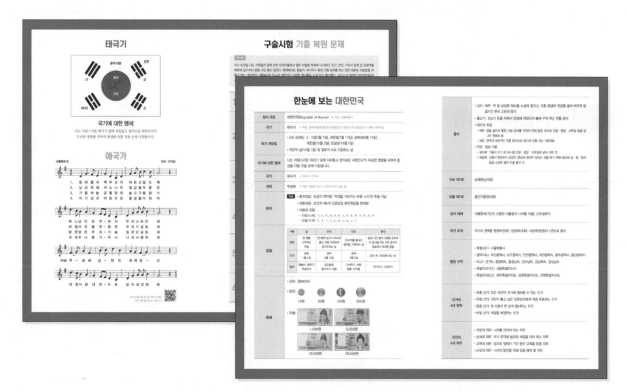

'한눈에 보는 대한민국'과 구술시험 기출 복원 문제

태극기와 애국가는 물론 행정구역과 화폐 단위까지! 꼭 알아야 할 대한민국의 정보를 한눈에 볼 수 있게 정리하였습니다. 또한 구술시험 최신 기출문제를 복원 · 수록하여 시험 직전까지 활용할 수 있습니다.

이 책의 차례

제 1 편

핵심 이론

제 **1** 장 한국어

1. 연결어미

앞말에 붙어 앞뒤 내용을 연결해 주는 말입니다.

① 동사+-느라고

앞의 내용이 뒤에 오는 내용의 이유나 원인일 때 씁니다. 뒤에는 보통 부정적인 내용이 옵니다.

> • 아까 낮잠을 자느라고 전화가 온 줄 몰랐어.
> • 요즘 이사를 준비하느라고 바빠서 연락을 못했습니다.

② 동사+-자마자

앞의 내용이 일어난 뒤 곧바로 뒤의 내용이 일어남을 나타낼 때 씁니다.

> 친구를 만나자마자 밥을 먹으러 갔어요.

③ 동사/형용사+-든지 동사/형용사+-든지

나열된 내용 중에서 하나를 선택할 때 씁니다.

> 집에는 요리 재료가 없으니까 외식을 하든지 시켜먹든지 합시다.

④ 동사+-았/었더니

과거에 일어난 일이 뒤에 오는 내용의 원인이 될 때 씁니다.

> • 어제 하루 종일 돌아다녔더니 피곤하네요.
> • 열심히 공부했더니 시험 결과가 잘 나왔어요.

⑤ 동사/형용사+-(ㄴ/는)다면

어떤 상황이나 사실을 가정할 때 씁니다.

> • 어머니께서 이 소식을 들으신다면 정말 기뻐하실 겁니다.
> • 동물과 대화를 할 수 있다면 무슨 말을 하고 싶어요?

2. 관형사형 어미

앞말에 붙어서 뒤에 나오는 명사를 꾸며주는 말입니다.

① 동사/형용사+-던

과거 상황을 회상하거나 과거에 어떤 일이 완료되지 않았음을 나타낼 때 씁니다.

> 이 모자는 제가 어렸을 때부터 **쓰던** 모자예요.

② 동사/형용사+-았/었던

어떤 일이 과거에 일어났음을 회상할 때 씁니다. '-았/었-'이 결합되었을 때에는 '동사/형용사+-던'보다 '완료'의 의미가 두드러집니다.

> 그 병원은 내가 어렸을 때 **갔던** 곳이야.

③ 동사+-(으)ㄴ

사건이나 동작이 과거에 일어났음을 나타낼 때 씁니다.

> 그건 내가 어제 **먹은** 치킨이야.

④ 동사+-는

사건이나 동작이 현재 일어남을 나타낼 때 씁니다.

> 지금 **노래하는** 사람은 진서 씨의 어머니예요.

⑤ 동사+-(으)ㄹ

추측, 예정, 의지, 가능성 등 미래를 나타낼 때 씁니다.

> 내일 공항으로 **갈** 예정입니다.

3. 종결어미

한 문장을 끝낼 때 쓰는 말입니다.

① 동사/형용사+-잖아(요)

어떤 상황을 듣는 사람에게 확인하거나 정정해 주듯이 말할 때 씁니다.

> 가: 오늘 왜 이렇게 힘이 없지?
> 나: 아까 점심을 **굶었잖아요**.

② 동사/형용사+-기는(요)

상대방의 말을 부인할 때 씁니다. 뒤에는 반박하는 내용이 오는 경우가 많습니다.

> 가: 매덕스 씨는 책을 좋아하시는 것 같아요.
> 나: **좋아하기는요**. 책만 펴면 잠이 쏟아지는 걸요.

③ 동사+-(으)ㄹ래(요)

㉠ 자신의 의지를 표현하거나 상대방의 생각을 물을 때 씁니다.

> 가: 썸낭 씨, 우리 영화 보러 **갈래요**?
> 나: 아니요, 저는 집에 가서 **쉴래요**.

㉡ 상대방에게 부드럽게 요청이나 부탁을 할 때 씁니다.

> 제가 이번 역에서 내리려고 하는데 좀 **비켜 주실래요**?

④ 동사/형용사+-(ㄴ/는)대(요)

㉠ 상대방에게 다른 곳에서 얻은 정보를 전할 때 씁니다.

> 책에서 읽었는데 물을 너무 차갑게 해서 마시는 것은 **좋지 않대요**.

㉡ 상대방이 들은 내용에 대해 물어볼 때 씁니다.

> 케이시는 언제 미국으로 **돌아간대요**?

4. 복합 연결어미

두 가지 이상의 문법적 요소가 합쳐져 앞뒤 내용을 연결해 주는 말입니다.

① 동사+-(으)ㄴ 채(로)

'이미 있는 상태 그대로 변하지 않고'의 뜻을 나타낼 때 씁니다. 앞의 내용이 계속되는 상태에서 뒤의 내용이 이루어짐을 나타냅니다.

> 아기는 과자를 손에 **쥔 채** 잠이 들었어요.

② 동사+-기 위해서

어떤 일의 의도나 목적을 나타낼 때 씁니다. 앞의 내용을 이루려고 뒤의 내용이 일어날 때 씁니다.

> 이 시험에 합격하기 위해서 그동안 열심히 노력했어요.

③ 동사/형용사+-(으)ㄹ까 봐

그러한 행위가 발생하는 것 또는 그러한 상황이 될 것을 염려할 때 씁니다. 앞의 내용이 일어날 것을 걱정하여 뒤의 내용이 일어납니다.

> 결혼식에 비가 올까 봐 걱정했어요.

④ 동사+-는 바람에

앞의 내용이 뒤에 오는 내용의 부정적인 원인이 될 때 씁니다.

> 오늘 늦잠을 자는 바람에 학교에 지각을 했어요.

⑤ 동사+-(ㄴ/는) 김에

앞의 행동을 하고 뒤의 행동도 함께 하는 것을 나타내는 표현입니다. 원래의 목적은 앞의 내용이며, 앞의 내용에 덧붙여서 뒤 내용의 행동을 할 때 씁니다.

> 부엌 수리를 하는 김에 화장실도 고쳤어요.

5. 복합 종결어미

두 가지 이상의 문법적 요소가 합쳐져 문장을 끝낼 때 쓰는 말입니다.

① 동사+-아/어 놓다

어떤 동작이 끝난 상태가 그대로 유지됨을 나타낼 때 씁니다.

> 손수건은 서랍에 넣어 놓았어요.

② 동사+-아/어 있다

어떤 일이 끝나지 않고 그 상태가 계속되고 있음을 나타낼 때 씁니다.

> 아이가 날리던 연이 나무에 걸려 있다.

③ 동사/형용사+-(으)ㄹ 뻔하다

어떤 일이 실제로 일어나지는 않았지만 그 상황이 일어날 가능성이 매우 높았음을 나타낼 때 씁니다.

> 운전을 하면서 핸드폰을 보다가 사고가 날 뻔했어요.

④ 동사+-게 하다

다른 사람에게 어떤 일을 하도록 시키는 것을 나타낼 때 씁니다.

> 아버지께서 술을 마시지 못 하게 하셨어요.

⑤ 동사/형용사+-(으)ㄹ 리가 없다

어떤 일이 일어날 가능성이 없음을 확신할 때 씁니다.

> 잭슨 씨가 나탈리 씨보다 일찍 도착했을 리가 없어요.

6. 조사

앞말에 붙어 다음에 오는 말과의 문법적 관계를 표시하거나 앞말의 뜻을 도와주는 말입니다.

① 명사+(이)라도

여러 가지 중에서 가장 좋은 것은 아니지만 그 상황에서는 좋은 선택이나 조건임을 나타낼 때 씁니다.

> 음료수가 없으면 물이라도 한 잔 주세요.

② 명사+(이)야말로

어떠한 것을 강조하여 확인하는 뜻을 나타낼 때 씁니다.

> 용서야말로 소중한 가치 덕목이다.

③ 명사+치고

㉠ '하나도 빠짐없이 모두 그렇다'라는 뜻을 나타낼 때 씁니다. 뒤에는 부정적인 표현이 옵니다.

> 성공한 사람치고 성실하지 않은 사람이 없다.

㉡ 예외적임을 나타낼 때 씁니다.

> 민정이는 운동선수치고 달리기가 느린 편이에요.

제 2 장

한국 문화

1. 대한민국 개관

① 대한민국을 상징하는 네 가지: 태극기, 무궁화, 한글, 애국가

② 대한민국의 공식 문자: 한글(약 600년 전 창제)

2. 국가 기관의 구성

① **행정부**: 행정을 맡아보는 국가 기관입니다. 행정부의 최고 책임자는 대통령이며, 대통령은 한국을 대표하는 지도자로 선거를 통해 선출됩니다. 임기는 5년이고 중임은 불가능합니다.

② **입법부**: 법을 만드는 국가 기관입니다. 한국에서는 국회가 입법부의 역할을 하며 국민의 의견을 반영하여 법을 만들고, 국가 재정에 관련된 역할을 합니다.

③ **사법부**: 법을 해석하고 판단하여 적용하는 국가 기관입니다. 한국에서는 법원이 사법부의 역할을 하며 대법원, 고등법원, 가정법원이 있습니다.

3. 교육제도

① **초등교육기관**: 초등학교[6년, 입학은 만 6세가 된 날이 속하는 해의 다음 해에 가능하며 집(주소지)에서 가까운 곳으로 행정복지센터(주민센터)에서 자동 배정]

② **중등교육기관**: 중학교(3년), 고등학교(3년)

③ **고등교육기관**: 대학교(2~4년), 대학원(약 2년)

④ 매년 3월에 새 학년이 시작되며, 한 학년은 두 개의 학기로 되어 있습니다. 1학기는 3월에, 2학기는 8월이나 9월에 시작합니다.

---

1 대한민국은 한글과 함께 알파벳을 공식 문자로 사용하고 있다. (○, ×)

2 한국에서는 □□이/가 법을 만드는 역할을 한다.

3 고등학교는 고등교육기관에 해당한다. (○, ×)

1 × 2 국회 3 × **정답**

⑤ 학기와 학기 사이에는 여름 방학과 겨울 방학이 있습니다.

⑥ 초등학교와 중학교는 의무 교육으로, 취학 연령의 대한민국 국민이라면 반드시 초등학교와 중학교 교육을 받아야 합니다.

4. 한국의 선거

명칭	대선	총선거	지방 선거
투표 대상	대통령	국회의원	지방자치단체장, 지방의회의원
시기	5년마다	4년마다	4년마다
연임	X	O(제한 없음)	O(지자체장의 연임은 3회까지)

① 한국의 선거권은 만 18세 이상 대한민국 국민에게 부여됩니다.

② 한국의 선거는 보통 선거, 평등 선거, 직접 선거, 비밀 선거가 있습니다.

　㉠ 보통 선거: 만 18세가 되면 성별 · 재산 · 학력 · 권력 · 종교 등에 관계없이 누구나 선거에 참여할 수 있습니다.

　㉡ 평등 선거: 성별 · 재산 · 학력 · 권력 · 종교 등의 조건에 관계없이 공평하게 한 표씩 투표합니다.

　㉢ 직접 선거: 국민들이 직접 투표하여 자신의 대표를 선출합니다.

　㉣ 비밀 선거: 투표한 사람이 어느 후보나 정당을 선택했는지 알지 못하게 합니다.

③ 외국인의 선거

　㉠ 대선 · 총선: 대통령이나 국회의원, 즉 국가를 대표하는 사람을 뽑는 선거로, 한국 국적을 가진 사람에게만 선거권이 주어집니다.

　㉡ 지방 선거: 영주권을 얻은 지 3년이 경과한 만 18세 이상의 외국인은 대한민국의 국민이 아니더라도 지방 선거의 선거권이 주어집니다. 다문화 가정과 이민자가 늘어나고 있기 때문에 영주권자에게도 지역의 일꾼을 뽑는 선거권을 부여합니다.

---

4 한국의 대통령은 세 번까지 연속해서 할 수 있다. (○, ×)

5 보통 선거는 성별 · 재산 · 학력 · 권력 · 종교 등의 조건에 관계없이 공평하게 한 표씩 투표하는 방식이다. (○, ×)

6 대한민국의 국민이 아닌 외국인은 어떠한 경우에도 투표를 할 수 없다. (○, ×)

정답　4 ×　5 ×　6 ×

5. 한국의 경제 성장과 한강의 기적

① 대한민국이 경제 성장(한강의 기적)을 이룰 수 있었던 원인: 가난을 이겨내야겠다는 국민들의 의지와 잘 살아보겠다는 노력, 그리고 우수한 노동력과 높은 교육열 덕분입니다.

② 2023년 기준으로 한국의 1인당 국민총소득은 33,745달러를 돌파하였습니다.

③ 1960년대 이전 농업 → 1960년대 경공업 → 1970년대 중화학 공업 → 1970~1980년대 철강, 자동차, 선박, 중화학 공업 → 2000년대 반도체, 선박, 자동차, 휴대폰, 석유 제품 등

6. 한국의 지리와 지역 정보

① 기후: 봄, 여름, 가을, 겨울로 사계절이 뚜렷합니다.

② 지형: '동고서저'의 형태로, 동쪽은 높고 서쪽이 낮은 형태입니다.

③ 지역별 특색

㉠ 서울: 대한민국의 수도로 대한민국 전체 인구의 약 5분의 1이 서울에 집중되어 있습니다.

㉡ 경기: 서울을 둘러싸고 있으며 인구 집중 문제를 해결하기 위해 분당, 일산, 군포 등에 신도시가 건설되었습니다. 서비스업, 공업, 농업 등 여러 종류의 산업이 골고루 발달하였으며 교통이 편리하고 주변에 인구가 많아서 우수한 기술자와 노동력을 구하기 쉽습니다.

㉢ 인천: 서울과 경기도의 서쪽 해안에 자리 잡고 있습니다. 한국을 대표하는 항구와 인천국제공항이 있어 국가 간 교류의 중심 도시 역할을 하고 있습니다.

㉣ 충청: 수도권과 전라도, 경상도, 강원도를 이어주는 역할을 합니다. 대전광역시와 국토의 균형 있는 발전을 위한 세종특별자치시가 있습니다.

㉤ 강원: 설악산, 오대산 등과 같은 아름다운 산과 경포대 등 많은 해수욕장이 있으며 기후가 좋습니다. 도시별 다양한 축제를 여는 등 관광 산업이 발달하였습니다.

㉥ 경상: 포항제철소, 울산조선소 등이 자리 잡고 있으며 전자, 철강, 조선, 자동차 등 큰 규모의 공업 단지가 있습니다.

㉦ 전라: 서해안 시대의 중심지로서의 역할이 기대되고 있습니다. 농업과 문화 예술과 관련된 전통이 깊으며 이와 관련된 산업이 발달하였습니다.

---

7 국민들이 가난을 이겨내야겠다는 의지와 잘 살아보겠다는 노력, 그리고 우수한 노동력과 높은 교육열로 경제 성장을 이루어 낸 것을 □□의 기적이라 한다.

8 2023년 기준 한국의 1인당 국민총소득은 50,000달러를 돌파하였다. (○, ×)

9 대한민국 전체 인구의 약 5분의 1이 경기도에 집중되어 있다. (○, ×)

◎ 제주: 섬 전체가 화산 지형으로 이루어져 있습니다. 제주화산섬과 용암동굴은 유네스코 세계자연유산으로 등재되어 있습니다.

7. 대한민국의 민주주의

① 4·19 혁명: 1960년 3월 15일 총선거에서 이승만 정권이 개표를 조작한 것에 반발하여 일으킨 시위입니다.

② 5·18 민주화 운동: 1980년 5월 18일 군인들이 정치에서 물러날 것과 민주정부를 수립할 것 등을 요구한 시위입니다.

③ 6월 민주 항쟁: 1987년 6월 대통령 직선제 등의 민주화를 주장한 시위입니다.

8. 법과 질서

① **생활 속 법률(경범죄):** 무단횡단, 주·정차 위반, 신호 위반, 음주운전, 쓰레기 무단 투기, 쓰레기 임의 소각, 고성방가, 노상방뇨 등의 행위를 저지르면 벌금을 냅니다.

② **생활 속 질서**

㉠ 길을 걸으면서 담배를 피우지 않습니다.

㉡ 에스컬레이터나 엘리베이터에서 뛰지 않습니다.

㉢ 반려동물을 데리고 나올 때는 목줄을 착용하도록 합니다.

9. 국경일

① **3·1절(3월 1일):** 대한민국이 일본의 식민 통치에 맞서, 독립선언서를 발표하여 한국의 독립 의사를 세계에 알린 날을 기념하는 국경일입니다.

② **제헌절(7월 17일):** 대한민국 헌법을 제정하고 공포한 것을 기념하는 국경일입니다.

③ **광복절(8월 15일):** 일본에 빼앗겼던 대한민국의 주권을 다시 찾은 날을 기념하고 대한민국 정부 수립을 축하하는 국경일입니다.

④ **개천절(10월 3일):** 단군이 최초의 민족 국가인 조선을 건국했음을 기리는 뜻으로 제정된 국경일입니다.

⑤ **한글날(10월 9일):** 세종대왕이 훈민정음(한글)을 만들어서 세상에 펴낸 것을 기념하고, 한글의 우수성을 기리기 위한 국경일입니다.

---

10 한국은 군인들이 정치에서 물러날 것과 민주 정부 수립을 요구하는 대규모 시위가 일어난 적이 있다.

(○, ×)

11 대한민국 헌법을 제정하고 공포한 것을 기념하는 국경일을 □□□(이)라고 한다.

정답 10 ○ 11 제헌절

10. 명절

	설	추석	단오	한식
의미	새해의 안녕과 건강을 기원하는 날	한 해의 농사가 무사히 끝난 것을 조상님께 감사드리는 날	모내기를 끝내고 풍년을 기원하는 날	일정 기간 불을 사용하지 않고 찬 음식을 먹는 고대 중국의 풍습에서 유래된 명절
시기	음력 1월 1일	음력 8월 15일	음력 5월 5일	동지 후 105일째 되는 날
음식	떡국	송편, 토란국	수리취떡, 쑥떡, 망개떡, 앵두화채	쑥(쑥떡), 진달래(화전), 오미자(창면, 화면)
풍습	설빔, 차례, 세배, 복조리	차례, 벌초, 성묘	창포물에 머리감기, 대추나무 시집 보내기	차례, 성묘, 찬 음식 먹기
놀이	윷놀이, 널뛰기, 연날리기	강강술래, 줄다리기, 씨름	그네뛰기, 씨름, 탈춤, 사자춤, 가면극	제기차기, 그네뛰기

① 설
    ㉠ 설은 음력 1월 1일이며 1년 중 가장 큰 명절입니다.
    ㉡ 조상님께 차례를 지내고 웃어른께 세배를 합니다.
    ㉢ 설날의 대표적인 음식에는 떡국이 있습니다.
    ㉣ 전통 놀이로 윷놀이, 연날리기 등을 즐깁니다.

② 추석(한가위)
    ㉠ 한가위, 중추절이라고도 합니다.
    ㉡ 음력 8월 15일입니다.
    ㉢ 햇곡식과 햇과일로 차례를 지내고 성묘도 합니다. 그리고 추석 전 조상님의 묘를 찾아가 풀도 벱니다(벌초).
    ㉣ 추석의 대표적인 음식에는 송편이 있습니다.
    ㉤ 전통 놀이로 달맞이, 강강술래 등을 즐깁니다.

③ 정월 대보름
    ㉠ 정월 대보름은 음력 1월 15일입니다.
    ㉡ 정월 대보름에는 오곡밥과 나물을 먹으며, 호두·밤·땅콩 등을 딱 소리가 나게 깨어 먹는 '부럼 깨물기'를 합니다.

---

12 10월 9일은 한글이 만들어져 세상에 널리 알린 것을 기념하는 날이다.   (○, ×)

13 한국에서는 음력 1월 1일에 떡국을 먹으며 새해의 안녕과 건강을 기원한다.   (○, ×)

14 추석에는 보통 콩국수를 먹는다.   (○, ×)

12 ○ 13 ○ 14 ×   **정답**

11. 도시와 농촌

① 한국 도시의 특징
    ㉠ 장점: 생활이 편리하고 교통수단과 편의 시설이 발달하였습니다.
    ㉡ 단점: 주택이 부족하고 교통이 혼잡하며, 환경 오염 문제가 발생하고 있습니다.
② 한국 농촌의 특징
    ㉠ 장점: 주민 간 관계가 친밀합니다.
    ㉡ 단점: 노동력이 부족하고 대중교통이나 의료·문화 시설이 부족한 편입니다.

12. 한국의 주거 문화

① 단독 주택: 3층 이하의 다가구 주택을 포함한 가구를 말합니다.
② 공동 주택: 연립 주택과 5층 이상의 아파트를 포함한 가구를 말합니다.
③ 과거는 단독 주택이 대부분이었으나 현재는 아파트에 사는 가구 수가 많습니다.
④ 한국의 주거 방식
    ㉠ 자가, 전세, 월세로 나눌 수 있습니다.
    ㉡ 전세는 보증금으로 일정한 돈을 맡기고 계약하는 것을 말합니다.
    ㉢ 월세는 매달 일정한 돈을 내고 집이나 방을 빌려 쓰는 것을 말합니다.
    ㉣ 집을 계약할 때 등기부 등본을 확인하는 것이 필요합니다.
    ㉤ 등기국이나 대법원 인터넷등기소에서 등기부 등본을 확인할 수 있습니다.

13. 한국의 전통 의식주

① 한국의 전통 음식
    ㉠ 한국의 주식은 밥입니다. 한국의 전통적인 밥상은 밥, 국, 반찬으로 구성됩니다.
    ㉡ 발효 식품의 종류: 김치, 고추장, 된장, 젓갈 등이 있습니다.
② 한옥의 특징
    ㉠ 대한민국의 전통 가옥을 한옥이라 하며, 지붕을 만드는 재료에 따라 초가집, 기와 집으로 나눕니다.
    ㉡ 한옥에는 방을 따뜻하게 해 주는 온돌과 여름을 시원하게 보낼 수 있는 대청마루가 있습니다.

---

15 한국의 농촌은 대개 교통이 혼잡하고 주택이 부족하다는 단점이 있다.   (○, ×)

16 한국에서는 현재 아파트에 사는 가구 수가 많다.   (○, ×)

17 한국에서 주택을 □□(으)로 계약하기 위해서는 일정한 금액의 돈을 보증금으로 집주인에게 맡겨야 한다.

정답   15 ×   16 ○   17 전세

ⓒ 집 앞에 강이 있어 식수나 생활용수를 얻기 좋고, 집 뒤에 산이 있어 바람을 막아 주는 배산임수 지형과 햇볕이 잘 들어오도록 남쪽을 바라보는 남향집을 좋은 집터로 봅니다.

14. 한국의 여러 가지 의례

① 결혼식: 남녀가 정식으로 부부가 되는 의례입니다.
   ㉠ 많은 사람 앞에서 부부가 됨을 서약하는 의식입니다.
   ㉡ 혼인 신고를 해야 법적인 부부로 인정됩니다.
   ㉢ 초대 받은 사람은 축의금을 내고 식사를 하면서 결혼을 축하해 줍니다.
   ㉣ 결혼 후에는 양가 가족에게 폐백을 하고 신혼여행을 떠납니다.

② 장례식: 죽은 사람에게 예를 갖추고 떠나보내는 의식입니다.
   ㉠ 장례식장에서 유족은 문상객을 맞이하고, 문상객은 조의금을 준비합니다.
   ㉡ 문상객은 죽은 사람에게 두 번, 유족에게 한 번 절을 합니다.

※ 결혼을 축하하는 뜻으로 준비한 돈이나 물품을 축의금이라 하며, 죽은 사람과 그 가족을 위로하기 위해 내는 돈이나 물품은 조의금이라고 합니다.

③ 제사
   ㉠ 조상이 돌아가신 날이나 명절에 조상을 추모하는 것을 말합니다.
   ㉡ 제사상을 차려 두고 두 번 절한 후 음식을 가족과 나누어 먹습니다.

④ 돌잔치
   ㉠ 태어나고 첫 번째 생일을 기념하는 잔치를 말합니다.
   ㉡ 돌잡이 행사에서 아이의 장래를 예측합니다.
   ㉢ 돌잔치에 금반지를 선물하는 경우가 많은데, 이는 건강하고 행복하게 잘 자라라는 의미를 담고 있습니다.

⑤ 환갑
   ㉠ 61세가 되는 생일, 즉 60번째 생일을 말합니다.
   ㉡ 요즘에는 평균 수명이 길어져서 대부분 70번째 생일에 칠순잔치를 합니다.

⑥ 기타 생일: 생일에는 가족이나 친구들이 함께 모여 식사를 하거나, 미역국을 끓여 먹습니다.

---

18 김치, 고추장, 된장, 젓갈 등은 한국의 전통 음식 중 □□ □□에 해당한다.

19 단독 주택은 한국의 전통 가옥의 한 종류이다.　　　　　　　　　　　(○, ×)

20 한국에서는 사람이 죽으면 유족을 위로하기 위해 축의금을 전달한다.　(○, ×)

15. 한국의 전통 가치와 연고

① 한국에서는 부모를 공경하고 기쁘게 해 드리는 효를 중요하게 여깁니다.

② 효: 부모뿐 아니라 웃어른을 공경하고 존중하는 마음을 말합니다.

③ 예절: 몸과 마음을 바르게 하여 상대방을 존중하는 것을 말합니다.

④ 상부상조: 함께 힘을 모아 마을의 어렵고 힘든 일을 해결하는 것을 말합니다.

⑤ 공동체 정신: 한국에서는 농경 사회를 거치면서 개인보다 공동체를 중요하게 여깁니다.

⑥ 혈연: 같은 성씨에 같은 가문의 사람을 말하며, 중요한 인연이라 여기는 경우가 많습니다.

⑦ 지연: 고향이나 출신 지역에 따라 이어진 인연을 말하며, 지연으로 만들어진 대표적인 모임에는 향우회가 있습니다.

⑧ 학연: 출신 학교에 따라 이어진 인연을 말합니다.

16. 가족 형태

① 과거의 가족 형태: 예전에는 보통 자녀를 3~5명씩 낳았으며 장남이 부모님을 모시고 사는 경우가 많았습니다.

　• 대가족 형태: 할아버지·할머니, 아버지·어머니, 자녀 등의 여러 세대가 같은 집에 함께 사는 대가족 형태의 가족이 많았습니다.

② 현대의 가족 형태: 자녀를 적게 낳는 경우가 많고, 결혼 후 부모님을 모시고 사는 경우가 줄어들고 있습니다.

　• 핵가족 형태: 부모와 미혼 자녀가 함께 사는 핵가족 형태의 가족이 많습니다.

③ 달라지는 가족의 형태: 혼자 사는 1인 가구가 늘어났으며, 결혼을 하더라도 자녀 없이 결혼 생활을 하는 딩크족과 부부가 모두 직업을 가지고 일을 하는 맞벌이 부부도 늘어나고 있습니다.

---

21 61세가 되는 생일을 환갑이라고 한다. (○, ×)

22 한국에서는 부모를 공경하고 기쁘게 해 드리는 효를 중시한다. (○, ×)

23 현대 한국의 가족 형태는 부모와 미혼 자녀가 함께 사는 □□□ 형태의 가족이 많다.

정답 21 ○ 22 ○ 23 핵가족

④ 가족 관계
　　㉠ 시댁 호칭

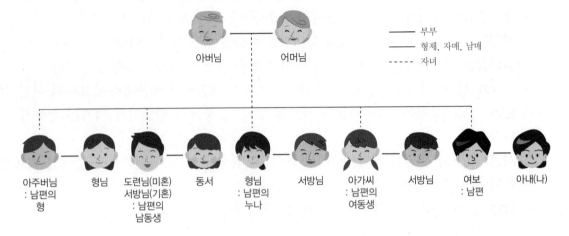

　　㉡ 처가댁 호칭

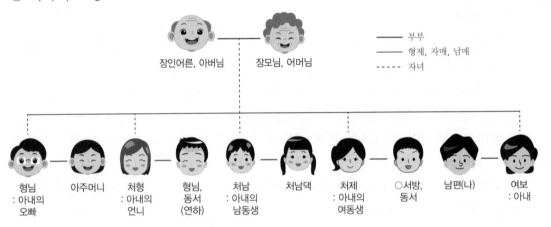

17. 한국의 역사

① 고대

　㉠ 대한민국의 최초의 국가는 기원전 2333년 단군이 세운 고조선이며, 관련된 내용은 ≪삼국유사≫라는 책에 기록되어 있습니다. 또한 8조법이 있었던 것으로 전해집니다.

　㉡ 고조선 멸망 이후 수많은 국가가 세워졌고 그중 백제, 고구려, 신라가 경쟁을 하면서 삼국 시대가 성립하였습니다.

---

24 아내의 아버지는 '장모어른'이라고 불러야 한다. （ ○ , × ）

25 남편의 형은 '아주머님'이라고 불러야 한다. （ ○ , × ）

26 □□은/는 고대 삼국 시대를 통일한 국가이다.

24 × 　25 × 　26 신라 　　**정답**

ⓒ 삼국 시대에 가장 먼저 발전한 나라는 백제입니다. 그리고 가장 영토를 크게 넓힌 나라는 고구려로 그 주역은 광개토대왕입니다.

ⓔ 신라는 삼국 중 가장 늦게 발전하였으나, 진흥왕 때 화랑도를 중심으로 삼국을 통일하였습니다.

② 중세

ⓐ 통일신라가 붕괴되고 왕건이 세운 고려가 민족을 통일하였습니다.

ⓑ 고려 때 만들어진, 세계에서 가장 오래된 금속 활자본은 《직지심체요절》이며, 현재 프랑스 국립도서관에 보관되어 있습니다.

③ 근세

ⓐ 1392년 이성계가 조선을 건국하였습니다.

ⓑ 조선 시대 왕조의 역사가 기록된 《조선왕조실록》은 세계적으로 유례가 없는 오래되고 방대한 양의 역사서입니다.

④ 근대

ⓐ 1910년 일본에 국권을 빼앗겼다가 1945년 8월 15일 빼앗겼던 국권을 되찾았습니다.

ⓑ 1948년 8월 15일 대한민국 정부가 수립되었습니다.

18. 한국의 인물

① 한국 화폐 속 위인들

ⓐ 천 원권의 이황, 오천 원권의 이이, 만 원권의 세종대왕, 오만 원권의 신사임당은 한국 역사에서 중요한 인물들입니다.

ⓑ 천 원권의 이황은 조선을 대표하는 학자이며 도산서원에서 제자를 교육하고 학문을 연구하는 데 일생을 바쳤습니다.

ⓒ 오천 원권의 이이는 조선을 대표하는 학자이며 십만양병설을 주장하였고, 일본의 전쟁에 대비해야 한다고 주장하였습니다. 한편 이이는 오만 원권 지폐에 그려진 신사임당의 아들이기도 합니다.

ⓓ 만 원권에는 조선 시대의 가장 위대한 임금인 세종대왕이 실려 있습니다. 세종대왕은 한글을 만들고 과학 기술을 발달시킨 왕입니다.

ⓔ 오만 원권의 신사임당은 지폐에 실린 인물 중에서 유일한 여성 인물입니다. 뛰어난 글재주와 그림 솜씨를 갖춘 훌륭한 예술가입니다.

---

27 한국은 세계에서 가장 오래된 금속 활자본을 만들었다.　　　　　　　　(○, ×)

28 □□□ 장군은 거북선을 만들어 일본과의 전쟁에서 크게 승리한 적이 있다.

29 한국의 지폐 앞면에는 모두 인물들이 등장한다.　　　　　　　　(○, ×)

정답　27 ○　28 이순신　29 ○

② 전쟁을 승리로 이끈 인물들

ㄱ 을지문덕 장군은 중국 수나라가 고구려의 수도 평양을 공격했을 때, 살수(청천강)에서 침입을 막았습니다.

ㄴ 서희 장군은 거란족 장군과 대화를 해서 전쟁을 막았습니다. 이는 역사상 가장 훌륭한 외교 활동으로 기록되어 있습니다.

ㄷ 이순신 장군은 거북선을 만들어 일본과의 전쟁에서 크게 이기며 바다를 지킨 조선 시대의 장군입니다.

ㄹ 광개토대왕은 넓은 영토를 점령한 위대한 왕이라는 뜻을 지니고 있으며, 주변 여러 나라와의 전투에서 크게 승리하여 영토를 확장한 고구려의 왕입니다.

③ 한국의 위인들

ㄱ 유관순은 독립운동을 했던 대표적인 인물입니다. 1919년 3월 1일 일본에 항의하는 전국적인 독립운동이 벌어졌는데, 당시 학생이었던 유관순은 태극기를 흔들며 대한 독립 만세를 외치는 시위에서 큰 역할을 하였습니다.

ㄴ 김구는 한국의 대표적인 독립운동가 중 한 명으로, 3·1 운동 이후 대한민국 임시 정부에서 독립운동을 이끌었습니다. 김구의 주도하에 수많은 독립운동이 이어지면서 1945년에 독립을 맞이하였고 독립 이후에도 남북의 분단을 막기 위해 많은 노력을 기울였습니다.

ㄷ 김대중 전 대통령은 남북정상회담을 개최하였으며 한국인 최초로 노벨평화상을 수상하였습니다.

ㄹ 반기문은 한국의 외교부 장관을 거쳐서 2006년 한국인 최초로 제8대 유엔사무총장으로 선출되었습니다.

19. 외국인의 권리와 의무

① 외국인이 한국에 입국하기 위해서는 여권과 사증(비자)이 필요합니다.

② 한국에 90일을 초과하여 체류할 경우에는 외국인등록을 해야 합니다.

③ 체류지 변경 후 전입일로부터 15일 이내(20.12.10. 기준)에 체류지변경신고를 해야 합니다.

④ 외국인의 인권 보호와 행복한 생활을 위한 재한외국인처우기본법이 있습니다.

⑤ 외국인을 위해 다국어 전화 상담 서비스가 시행되고 있습니다.

⑥ 의료지원이 긴급한 외국인을 위해 복지 정책의 일환으로 의료지원사업이 진행되고 있습니다.

---

30 □□□ 전 대통령은 한국에서 최초로 노벨평화상을 수상한 인물이다.

31 한국에 □□일 이상 체류하기 위해서는 외국인등록을 해야 한다.

32 한국에서 법적으로 부부가 되기 위해서는 시청, 구청, 군청 등에 □□ □□을/를 반드시 해야 한다.

30 김대중 31 90 32 혼인 신고 **정답**

20. 한국의 생활법률

① **재산과 관련된 문제의 해결**
　　㉠ 돈을 거래할 때 차용증을 작성하는 것이 좋습니다.
　　㉡ 부동산 계약을 할 때는 등기부 등본을 확인해야 하며 법률전문가의 도움을 받아 안전하게 거래하는 것이 좋습니다.

② **가족과 관련된 문제의 해결**
　　㉠ 결혼을 하기 위해서는 만 18세 이상이 되어야 합니다.
　　㉡ 미성년자가 결혼하려면 부모 또는 법적인 보호자의 동의가 필요합니다.
　　㉢ 법적으로 부부가 되기 위해서는 시청, 구청, 군청 등에 혼인 신고를 해야 합니다.
　　㉣ 이혼은 합의 이혼과 재판상 이혼이 있습니다.
　　㉤ 합의 이혼은 부부 모두가 원하는 경우 가능하며 미성년 자녀가 있을 경우 이혼숙려제도를 적용하게 됩니다.
　　㉥ 재판상 이혼은 가정법원의 판결로 결정되며 이혼숙려제도 적용이 불가능하고, 이혼하는 데 원인을 제공한 자는 위자료를 지급해야 합니다.

21. 모임의 종류

① **송년회**: 연말에 한 해를 보내면서 갖는 모임입니다.
② **송별회**: 떠나는 사람을 보내기 전에 섭섭한 마음을 달래고 행운을 비는 뜻으로 갖는 모임입니다.
③ **시무식**: 연초에 근무를 시작할 때 하는 의식입니다.
④ **종무식**: 연말에 근무를 끝낼 때 행하는 의식입니다.
⑤ **총회**: 구성원 전체가 모여 어떤 일에 관하여 의논하는 모임입니다.
⑥ **회식**: 모임이나 단체에 속한 사람들이 모여 함께 식사를 하는 모임입니다.
⑦ **야유회**: 친목을 위하여 야외에 나가서 노는 모임입니다.
⑧ **동호회**: 같은 취미를 가지고 함께 즐기는 사람들의 모임입니다.
⑨ **동창회**: 같은 학교를 졸업한 사람들의 모임입니다.
⑩ **반상회**: 이웃 간에 어떤 사안을 공유하고 논의하는 모임입니다.
⑪ **부녀회**: 한 마을이나 지역 사회 등에서 부녀자들이 친목을 도모하고 마을이나 단체의 일에 함께 대처하기 위하여 조직한 모임입니다.
⑫ **학부모회**: 학교를 중심으로 학부모와 교사로 이루어진 모임입니다.

---

33 이혼을 할 때, 이혼하는 데 원인을 제공한 사람은 □□□을/를 지급해야 한다.

34 연말에 한 해를 보내면서 벌이는 모임을 송별회라고 한다. (○, ×)

정답　33 위자료　34 ×

제 2 편

실전 모의고사

제 2 편

실전 모의고사

시험 시간 60분(객관식 + 단답형 주관식) | 정답 및 해설 p.153

※ [01-02] 다음을 보고 (   )에 알맞은 것을 고르시오.

01

가: 이 사람들은 뭐 하고 있어요?
나: (   ).

① 차를 마셔요

② 빵을 먹어요

③ 게임을 해요

④ 노래를 불러요

02

어제 친구들하고 운동장(   ) 농구를 했어요.

① 과

② 에서

③ 하고

④ 으로

※ [03-04] 다음 〈보기〉를 참고하여 밑줄 친 부분과 의미가 <u>반대인</u> 것을 고르시오.

보기

가: 아이스 커피를 <u>좋아해요?</u>

나: 아니요, 저는 아이스 커피를 (   ).

① 마셔요　　　　② 기다려요　　　　③ 미워해요　　　　❹ 싫어해요

03

가: 이 옷은 가격이 너무 <u>비싸요.</u>

나: 가격이 좀 더 (   ) 옷을 골라보는 게 좋겠어요.

① 가벼운

② 두꺼운

③ 깨끗한

④ 저렴한

04

가: 방에 거울이 <u>없어요?</u>

나: 아니요, 방에 거울이 (   ).

① 커요

② 작아요

③ 있어요

④ 보여요

※ [05-12] 다음 (   )에 들어갈 가장 알맞은 것을 고르시오.

05

저는 그림을 그리는 (   ) 시간이 좋아요.

① 수학

② 미술

③ 음악

④ 영어

06

에릭 씨는 보통 평일에는 회사에 (   ) 주말에는 안 가요.

① 가는

② 가지만

③ 가 주고

④ 가고 싶고

07

가: 여기요, 된장찌개 두 개 (　　　).

나: 네, 잠깐만 기다리세요.

① 줬어요

② 줍니다

③ 주세요

④ 줍니까

08

가: 흐엉 씨, 어디에 가요?

나: 은행에 (　　　).

① 환전하러 가요

② 환전해 주세요

③ 환전하고 싶어요

④ 환전하지 마세요

09

아름다운 옛 (   )인 덕수궁이 야간 개장을 한다는 소식을 들었습니다.

① 궁궐

② 고향

③ 명절

④ 차례

10

외국인등록증을 잃어버려서 경찰서에 (   ).

① 신고했다

② 해결했다

③ 지원했다

④ 양보했다

11

시골은 차가 많지 않고 나무가 많아서 공기가 (   ).

① 깨끗해요

② 한적해요

③ 시끄러워요

④ 아름다워요

12

아침에 늦게 일어나 학교에 (   ).

① 취소했어요

② 지각했어요

③ 시작했어요

④ 등록했어요

보기

가: 정원이 진짜 <u>예쁘네요</u>.

나: 네, 어머니께서 정원을 (　　　　) 가꾸셨어요.

① 귀엽게　　　　② 더럽게　　　　❸ 아름답게　　　　④ 맛있게

13

가: 이번 시험이 어려워서 높은 점수를 받는 것은 <u>쉽지</u> 않겠어요.

나: 네, 이번 시험이 (　　　　) 않더라고요.

① 어렵지

② 복잡하지

③ 재미있지

④ 만만하지

14

가: 그 요리사는 <u>뛰어난</u> 능력을 가지고 있는 것 같아요.

나: 네, 평범한 재료를 가지고 최고급 음식을 만들어 내는 (　　　　) 능력이 있더라고요.

① 특이한

② 게으른

③ 탁월한

④ 부족한

※ [15–22] 다음 대화의 (   )에 들어갈 가장 알맞은 것을 고르시오.

15

> 가: 여보세요, 거기가 (   )?
> 나: 네, 맞습니다. 대형 마트입니다.

① 대형 마트이네요
② 대형 마트이지요
③ 대형 마트일까요
④ 대형 마트이었어요

16

> 가: 날씨가 비가 올 것 같지요?
> 나: 네, 곧 비가 (   ).

① 올게요
② 왔나 봐요
③ 올 것 같아요
④ 오면 될 것 같아요

17

> 가: 어제 낮에 무엇을 했어요?
> 나: 아들에게 컴퓨터를 (   ).

① 가르칠 거예요
② 가르쳐 줬어요
③ 가르치지 마세요
④ 가르치고 싶어요

18

가: 수업 끝나고 같이 영화 (　　　　)?
나: 미안해요. 약속이 있어요.

① 보세요

② 봤어요

③ 볼래요

④ 보려고 해요

19

가: (　　　　)! 잘 지내셨어요?
나: 잘 지냈단다. 우리 손자 많이 컸구나.

① 오빠

② 누나

③ 아버지

④ 할아버지

20

가: 정원이 예쁜 저 집은 수아 씨 집이에요?
나: 아니요, 아마 티엔 씨 (　　　　).

① 집이지요

② 집입니다

③ 집이었어요

④ 집일 거예요

21

가: 며칠 전 등산하다가 다친 허리는 좀 어때요?

나: 더 심해진 것 같아요. 지금은 (   ) 힘들 정도예요.

① 걷기조차

② 걸으려면

③ 걸을 테니까

④ 걷는 것 때문에

22

가: 나약 씨가 요즘 안 보이네요?

나: 회사가 많이 (   ). 저도 잘 못 만나요.

① 바쁜 겸

② 바쁘려면

③ 바쁜가 봐요

④ 바쁘기 마련이다

※ [23-24] 다음 밑줄 친 부분이 틀린 것을 고르시오.

23 ① 공부를 열심히 <u>할 걸 그랬어요</u>.

② 영화를 예매하려고 했는데 벌써 <u>매진됐더라고요</u>.

③ 곧 좋은 소식이 <u>있을</u> 테니까 너무 걱정하지 마세요.

④ 친구와의 약속을 수첩에 써 놓지 않아서 <u>잊어버리는 척했어요</u>.

24 ① 지난주부터 <u>기다리던</u> 택배가 도착했어요.

② 게임을 하면 엄마한테 혼날까 봐 <u>공부할 뻔했어요</u>.

③ 제가 설거지를 <u>할 테니까</u> 리사 씨는 청소를 하세요.

④ 다음 주 시험을 <u>보기 위해서</u> 열심히 공부를 해야 돼요.

※ [25-26] 다음 대화의 (   )에 들어갈 가장 알맞은 것을 고르시오.

25

> 가: 수지 씨랑 왜 싸웠어요?
>
> 나: 어제 길에서 저를 보고도 (   ).

① 못 볼 뻔했어요

② 못 보려고 했어요

③ 못 본 척했거든요

④ 못 볼 걸 그랬어요

26

> 가: 한국어 공부를 열심히 하시네요.
>
> 나: 네, 한국 회사에 취직하기 (   ) 매일 한국어 공부를 하고 있어요.

① 위해서

② 위할 정도로

③ 위할 테니까

④ 위하기 때문에

※ [27-28] 다음 밑줄 친 부분이 **틀린** 것을 고르시오.

27　① 한국어는 배울수록 어려워요.

　　② 시험에 떨어지든지 너무 실망하지 마세요.

　　③ 옆집에서 생선 냄새가 나네요. 생선을 먹나 봐요.

　　④ 아이가 감기에 걸리지 않도록 따뜻하게 입히세요.

28　① 집에 가든지 말든지 마음대로 하세요.

　　② 그 배우는 연기도 잘하길래 노래도 잘해요.

　　③ 무슨 일이 있더라도 내일 회의에 꼭 참석할 거예요.

　　④ 저는 주말에 시간만 나면 친구들하고 영화를 보곤 했어요.

※ [29-32] 다음을 읽고 (   )에 가장 알맞은 것을 고르시오.

29

> 라임 씨는 기타를 좋아합니다. 그래서 주말에 문화 센터에 갑니다. 라임 씨는 문화 센터에서 (   ). 그리고 이링 씨는 운동을 좋아합니다. 그래서 오늘 공원에 갑니다. 이링 씨는 공원에서 운동을 합니다.

① 노래를 합니다

② 운동을 합니다

③ 축구를 합니다

④ 기타를 배웁니다

30

> 매튜 씨는 지난 토요일에 친구와 함께 (   ). 점심에는 서울 인사동에서 비빔밥을 먹었습니다. 조금 매웠지만 아주 맛있었습니다. 밥을 먹은 후에는 북촌 한옥마을에 갔습니다. 한옥은 아주 아름다웠습니다.

① 서울에 갔습니다

② 한복을 샀습니다

③ 한옥 사진을 봤습니다

④ 유명한 식당에 갔습니다

31

과거 한국의 가족 형태는 할아버지와 할머니, 부모님, 자녀가 함께 살아서 식구가 많았다. 그래서 큰 집을 선호했다. 하지만 요즘은 부모님과 자녀만 살아서 식구가 적다. 그래서 (   ). 그러나 집 크기와 상관없이 가족들은 화목하게 지낸다.

① 아버지가 젊으시다

② 어머니와 딸은 항상 싸운다

③ 부모님과 자녀는 늘 서로를 걱정한다

④ 작은 주택이나 작은 아파트에서 주로 산다

32

미세 먼지는 우리 눈에 보이지 않는 아주 작은 물질이며 대기 중에 오랫동안 떠다니거나 흩날려 내려온다. 그래서 오랜 기간 미세 먼지에 노출될 경우 면역력이 떨어져 (   ). 미세 먼지가 발생하는 주요 원인은 대기로 배출된 오염물질 때문이다.

① 폐 기능이 강화된다

② 맛있는 음식을 먹는 것이 좋다

③ 집 근처 공원이나 헬스장에서 운동을 해야 한다

④ 감기, 기관지염, 피부병, 눈병 등 각종 질병에 노출될 수 있다

※ [33~36] 다음을 읽고 글의 내용과 같은 것을 고르시오.

33

> 우글 씨는 아침 6시에 일어납니다. 6시부터 7시까지 집 근처 공원에서 운동을 합니다. 그리고 오전 9시부터 오후 6시까지 사무실에서 일합니다. 오후 7시에 온라인 쇼핑으로 장을 보고, 저녁 9시부터 집에서 한국어 공부를 합니다. 그리고 10시 반에 잠을 잡니다.

① 우글 씨는 아침에 운동을 합니다.
② 우글 씨는 아침 6시부터 일을 합니다.
③ 우글 씨는 저녁에는 마트에서 일합니다.
④ 우글 씨는 밤 11시에 한국어 공부를 합니다.

34

> 히엔 씨는 한국 사람과 결혼해서 한국에 왔습니다. 평일에는 학원에서 학생들에게 중국어를 가르칩니다. 그리고 주말에는 다문화가족지원센터에 가서 한국어를 공부합니다. 히엔 씨는 아직 한국 생활에 익숙하지 않아서 힘듭니다. 하지만 즐겁습니다.

① 히엔 씨는 한국 생활에 익숙합니다.
② 히엔 씨는 중국어 강사로 한국에 왔습니다.
③ 히엔 씨는 한국 생활이 힘들지만 즐겁습니다.
④ 히엔 씨는 주말에 센터에서 중국어를 가르칩니다.

35

한국은 사계절이 있습니다. 봄은 따뜻하고 꽃이 피지만 황사가 있어 외출할 때 반드시 마스크를 써야 합니다. 그래도 사람들은 꽃을 보러 갑니다. 여름은 아주 덥고 비가 많이 옵니다. 한국 사람들은 여름에 휴가를 많이 갑니다. 가을은 시원하고 날씨가 좋습니다. 사람들은 가을이 되면 단풍 구경을 하러 산에 갑니다. 겨울은 춥고 눈이 많이 옵니다.

① 한국의 봄은 2월에서 4월까지입니다.
② 한국 사람들은 봄에 꽃을 보러 갑니다.
③ 한국 사람들은 봄, 가을, 겨울에 휴가를 갑니다.
④ 한국 사람들은 덥고 비오는 여름의 날씨를 좋아합니다.

36

지난해 우리 국민 천만 명 이상이 제주도를 찾을 정도로 요즘 제주도는 국민적인 관광지로 거듭나고 있습니다. 제주도 관광 열풍이 지속되면서 제주도에서 생활하며 보고, 듣고, 느낀 점을 에세이 형식으로 쓴 글이나 화보 등도 큰 인기를 끌며 연이어 나오고 있습니다. 그리고 여행 뿐 아니라 제주도로 이사하려는 사람들을 위해 부동산 정보가 담긴 안내서도 점차 다양해지고 있습니다.

① 제주도에서 사진을 찍는 사람들이 많다.
② 제주도 관광객의 수가 점차 감소하고 있다.
③ 제주도로 이사하려는 사람들을 위한 부동산 안내서도 다양하다.
④ 제주도 관광 열풍으로 제주도 생활을 담은 소설이 인기를 얻고 있다.

37 아래 글의 중심 내용으로 알맞은 것은?

> 과학 기술이 발달하면서 현대인의 생활은 많이 편리해졌지만 잘못된 생활 습관으로 '생활 습관병'이 발생하기도 한다. 대표적인 예로 '당뇨병'이 있는데, 이는 잘못된 음식 습관으로 생기는 질병이다. 빵, 국수, 초콜릿 등에 포함된 탄수화물을 지나치게 많이 섭취하거나 오랜 시간 앉아서 근무하여 운동 부족 상태가 지속되면 당뇨병에 걸릴 확률이 높아진다. 따라서 건강한 삶을 위해서라도 탄수화물 섭취를 줄이고, 근무 중 틈틈이 규칙적인 운동을 실시하는 생활 습관 개선이 필요하다.

① '생활 습관병'은 과학 기술이 발달하면서 생긴 병이다.
② 당뇨병이 생기면 규칙적인 운동을 해야 고칠 수 있다.
③ 빵, 국수, 초콜릿은 탄수화물이 많으므로 먹지 말아야 한다.
④ 탄수화물 섭취를 줄이고 규칙적인 운동 등으로 생활 습관을 개선해야 한다.

38 아래 글의 제목으로 알맞은 것은?

> 최근 청년 실업률이 증가하면서 취업하기가 많이 힘들어졌다. 그러나 막상 직장에 들어가도 그만두고 싶은 마음이 여러 번 생기기도 한다. 직장은 우리가 간절히 원하는 곳이지만 가장 스트레스를 많이 받는 곳이기도 하다. 그렇다면 직장에서 스트레스를 덜 받고, 직장 생활을 잘하려면 어떻게 해야 할까? 직장 생활을 잘하기 위해서는 출근 시간에 늦지 않도록 자기관리를 잘하는 것이 중요하다. 또한 근무 시간에는 자신의 업무에 충실해야 하며 맡은 일에 책임감을 가지고 행동해야 한다. 직장 동료들과 인간관계를 잘 유지하며 즐겁게 직장 생활을 하는 것도 중요하다.

① 직장 생활의 중요성
② 직장 생활을 잘하는 비법
③ 좋은 직장에 들어가는 비법
④ 직장 동료들과 인간관계를 잘 하는 방법

39 다음 (   )에 들어갈 알맞은 것은?

> 가: 한국의 경주에 가 보셨어요?
>
> 나: 그럼요, 경주에 있는 (   )도 가 보았죠.

① 불국사

② 한라산

③ 경복궁

④ 한옥마을

40 다음 (   )에 들어갈 알맞은 것은?

> 한국에서는 사람을 만날 때 "(   )."라고 인사합니다.

① 미안합니다

② 안녕하세요

③ 고맙습니다

④ 잘 먹겠습니다

41 한국의 대중교통 이용 방법으로 맞지 <u>않는</u> 것은?

① 도시 안에서는 버스나 지하철을 탄다.

② 서울에서 지하철을 타고 부산에 간다.

③ 다른 도시로 이동할 때는 시외버스를 탄다.

④ 시내버스와 지하철은 교통카드로 요금을 지불할 수 있다.

42 이사한 후에 친구나 지인을 집으로 초대하는 것은?

① 명절

② 집들이

③ 생일잔치

④ 의무 교육

43 대한민국의 상징이 <u>아닌</u> 것은?

① 지도

② 한글

③ 태극기

④ 무궁화

44 한국의 식사 예절로 맞지 <u>않는</u> 것은?

① 국그릇을 손에 들고 먹는다.

② 밥그릇은 식탁 위에 놓고 먹는다.

③ 식사할 때 숟가락과 젓가락을 사용한다.

④ 어른이 먼저 수저를 들고 식사를 시작한다.

45 한국의 쇼핑 장소에 대한 설명으로 맞지 <u>않는</u> 것은?

① 편의점은 24시간 이용할 수 있다.

② 전통 시장은 대형 마트보다 주차장이 넓다.

③ 한국의 전통 시장에서는 물건값을 흥정할 수 있다.

④ 백화점이나 대형 마트에서는 다양한 물건을 판매한다.

46 한국의 교육열에 대한 설명으로 맞지 <u>않는</u> 것은?

① 대표적인 사교육으로 학원, 과외 등이 있다.

② 한국의 교육열은 우수한 인재를 양성할 수 있었다.

③ 한국 학생들의 대학교 진학률은 OECD 회원국 중에서 가장 낮다.

④ 한국 학부모들은 자녀의 사교육비로 매달 많은 돈을 지출하고 있다.

47 아래 글의 내용과 <u>다른</u> 것은?

> 한국고속철도(KTX; Korea Train eXpress)는 한국철도공사가 운영하는 대한민국 고속철도 체계의 통칭으로, 2004년 4월 1일 경부선과 호남선이 동시에 개통되었다. 최대 운용속도는 시속 305km로 서울-부산 간은 2시간 18분, 서울-목포 간은 2시간 10분이 소요된다. KTX의 개통으로 대한민국은 프랑스, 일본, 독일, 스페인에 이어 5번째 고속철도 운행 국가가 되었다.

① 경부선과 호남선이 동시에 개통되었다.
② 서울-부산 간 소요시간이 서울-목포 간 소요시간보다 짧다.
③ 고속철도 보유국에는 프랑스, 일본, 독일, 스페인, 한국이 있다.
④ KTX는 한국철도공사가 운영하는 대한민국 고속철도 체계의 통칭이다.

48 아래 글의 내용과 같은 것은?

> 선거는 국민의 중요한 권리 중 하나이다. 그렇기 때문에 근로자를 포함한 모든 국민이 투표에 참여할 수 있도록 선거일을 임시 공휴일로 지정하고 있다. 그럼에도 불구하고 지정된 선거일에 투표를 할 수 없는 사람들을 위해 사전투표 제도를 마련하였다. 사전투표는 선거일 4~5일 전에 실시하며 오전 6시부터 오후 6시까지 지정된 장소에 가서 신분증을 제시하고 투표를 하면 된다.

① 지정된 선거일에만 투표를 할 수 있다.
② 신분증이 없어도 사전투표에 참여할 수 있다.
③ 사전투표를 하고 선거일에도 다시 투표를 해야 한다.
④ 지정된 날짜에 투표할 수 없으면 사전투표를 할 수 있다.

※ [49~50] 다음을 읽고 (   )에 가장 알맞은 것을 쓰시오.

49

> 한국의 큰 명절인 추석은 음력 8월 15일로 (   )(이)라고도 부른다. 이날에는 햇과일과 햇곡식을 준비해 차례를 지내고, 조상의 묘를 찾아가 성묘를 한다.

50

> 일정 기간 동안 정해진 금액을 매월 은행에 맡기는 것을 (   )(이)라고 한다. 이율은 은행마다 다르며, 가입 기간이나 금액에 따라 이자도 달라진다.

나는 높임말 때문에 회사에서 어려움을 겪은 적이 있다. 얼마 전에 취업하여 입사한 회사에는 나보다 나이가 많고 직급이 높은 사람이 많은데 윗사람에게 반말을 해 오해를 받은 적이 있었다. 나는 예의 바르게 행동하고 싶은데 아직 한국어와 한국 문화가 익숙하지 않아 사람들이 자꾸 오해하는 것 같아 걱정이다.

01 위의 글을 소리 내어 읽어 보세요.

02 1) 얼마 전 윗사람에게 오해를 받은 이유는 무엇인가요?

2) 무엇에 익숙하지 않아 자꾸 오해를 받았나요?

03 1) _____ 씨는 한국의 존댓말 문화로 오해를 받은 적이 없는지 말해 보세요.

2) _____ 씨 나라에도 한국의 존댓말 사용과 같은 문화가 있는지 말해 보세요.

04 한국은 국경일에 태극기를 답니다. 국경일은 여러 날이 있는데 그중 한 가지를 말하고, 무슨 의미가 있는지 설명해 보세요.

05 1) 한국은 헌법에 민주주의 국가임을 말하고 있습니다. 헌법 제1장 제1조를
말해 보세요.

2) 대한민국은 민주공화국이라고 하는데 '민주공화국'의 의미를 말해 보세요.

– 끝, 수고하셨습니다. –

시험 시간 60분(객관식 + 단답형 주관식) | 정답 및 해설 p.168

※ [01~02] 다음을 보고 (   )에 알맞은 것을 고르시오.

01

가: 이사벨은 뭐 해요?
나: (   ).

① 공부를 해요

② 밥을 먹어요

③ 커피를 마셔요

④ 텔레비전을 봐요

02

저는 천연 화장품 만들기 (   )을/를 듣고 싶어요.

① 강좌

② 접수

③ 수강

④ 문화

※ [03-04] 다음 〈보기〉를 참고하여 밑줄 친 부분과 의미가 <u>반대</u>인 것을 고르시오.

보기

가: 노래 부르는 것을 <u>좋아해요</u>?

나: 아니요, 노래 부르는 것을 (   ).

❶ 싫어해요   ② 미워해요   ③ 사랑해요   ④ 연습해요

03

가: 이 옷이 저에게 맞을까요?

나: 좀 <u>작겠어요</u>.

① 예뻐요

② 크겠어요

③ 적겠어요

④ 괜찮아요

04

가: 영화는 어땠어요? <u>재미있었어요</u>?

나: 아니요, 영화가 너무 길고 (   ).

① 즐거웠어요

② 가까웠어요

③ 지루했어요

④ 어려웠어요

※ [05-06] 다음 (   )에 들어갈 가장 알맞은 것을 고르시오.

05

저는 공으로 운동하는 (   )을/를 좋아해요.

① 농구

② 수영

③ 낚시

④ 등산

06

식사할 때 좋아하는 음식만 먹지 말고 다른 음식도 (   ) 드세요.

① 골고루

② 특별히

③ 갑자기

④ 빠르게

※ [07-08] 다음 밑줄 친 부분과 의미가 <u>반대인</u> 것을 고르시오.

07

> 가: 소만 씨는 머리가 <u>길어요</u>?
> 나: 아니요, 머리가 (　　　).

① 많아요
② 있어요
③ 없어요
④ 짧아요

08

> 가: 엘리베이터가 <u>올라갑니까</u>?
> 나: 아니요, 1층으로 (　　　).

① 와요
② 없어요
③ 내려가요
④ 갈아타요

※ [09-12] 다음 (　　　)에 들어갈 가장 알맞은 것을 고르시오.

09

고향에 계신 아버지가 아프셔서 하루 종일 (　　　).

① 행복했어요

② 우울했어요

③ 피곤했어요

④ 재미있었어요

10

델리 씨는 오늘 목이 너무 (　　　) 밥을 못 먹었어요.

① 아파서

② 아픈데

③ 아팠는데

④ 아프지만

11

> 한국인의 사망 원인 중에서 1위를 (   ) 병은 암이다.

① 양보한

② 지원한

③ 충분한

④ 차지한

12

> 가: 안녕하세요? 저는 화정(   ).
>
> 나: 반가워요. 저는 지수예요.

① 예요

② 이지요

③ 이에요

④ 입니까

보기

가: 출근 시간이라서 그런지 차가 많이 막히네요.

나: 네, 저도 어제 자가용으로 출근했는데 차가 많이 (   ).

① 나왔더라구요   ② 생기더라구요   ❸ 밀리더라구요   ④ 보이더라구요

13

가: 주말에 주로 무엇을 하며 시간을 보내나요?

나: 주말에는 (   ) 집에서 시간을 보내요.

① 우선

② 편히

③ 무조건

④ 대부분

14

가: 서울에서 큰 규모의 전시회가 열렸어요.

나: 네, 처음 (   ) 전통 음식 전시회래요.

① 치르는

② 연장하는

③ 변경하는

④ 개최하는

※ [15-22] 다음 대화의 (   )에 들어갈 가장 알맞은 것을 고르시오.

15

> 가: 지난 주말에 무엇을 했어요?
> 나: 딸이 책을 좋아해서 책을 (   ).

① 읽지 마세요

② 읽을 거예요

③ 읽고 싶어요

④ 읽어 줬어요

16

> 가: 요즘 계란이 너무 비싼 것 같아요.
> 나: 시장에 가면 조금 (   ) 살 수 있어요.

① 싸게

② 크게

③ 예쁘게

④ 아름답게

17

> 가: 왜 그 옷가게에 자주 가요?
> 나: 싸고 (   ) 옷이 많아서요.

① 예쁜

② 예쁠

③ 예쁘는

④ 예쁘면

18

가: 주말에 본 영화는 어땠어요?

나: 기대를 많이 하고 봤는데 (　　　　) 재미있지는 않았어요.

① 때만큼

② 재미만큼

③ 사람만큼

④ 생각만큼

19

가: 불꽃 축제는 언제 하나요?

나: 내일 저녁에 (　　　　).

① 했어요

② 할 거예요

③ 하고 있어요

④ 한 적 있어요

20

가: 다음 주에 여행을 가려고 하는데 어디가 좋을까요?

나: 여수에 한번 (　　　　).

① 갈게요

② 갔었어요

③ 가 보세요

④ 가고 있어요

21

> 가: 이링 씨, 이번 휴가는 어디로 갈 거예요?
>
> 나: 저는 부산에 (　　　　).

① 가네요

② 갔어요

③ 가 주세요

④ 가고 싶어요

22

> 가: 돌잔치에 초대받았는데 뭘 사 가는 것이 좋을까요?
>
> 나: 돌잔치에 (　　　　) 금반지나 아기 옷을 사 가세요.

① 가서

② 가며

③ 갈 때는

④ 간 다음에

※ [23-24] 다음 밑줄 친 부분이 **틀린** 것을 고르시오.

23
① 그때는 머리가 <u>길었네요</u>.

② 옷이 정말 예쁘고 잘 <u>어울리네요</u>.

③ 정말 오랫동안 한국어를 <u>배웠네요</u>.

④ 여름이라 그런지 날씨가 아주 <u>아름답네요</u>.

24
① 아무리 늦게 <u>자도</u> 7시에는 일어나요.

② 택배를 <u>보내려면</u> 우체국에 가야 돼요.

③ 보고서를 <u>쓸 텐데</u> 3일 밤을 못 잤어요.

④ 어제 너무 피곤해서 겉옷을 <u>입은 채</u> 잠들었어요.

※ [25-26] 다음 대화의 ( )에 들어갈 가장 알맞은 것을 고르시오.

25

> 가: 라잉 씨는 주말에 뭐 해요?
>
> 나: 저는 운동도 할 겸 스트레스도 ( ) 자전거 타는 것을 좋아해요.

① 풀 겸

② 쓸 겸

③ 바꿀 겸

④ 마실 겸

26

> 가: 오늘 저녁에 뭐 해요?
>
> 나: 아내하고 외식을 ( ).

① 했어요

② 하고 있어요

③ 하려고 해요

④ 할 뻔했어요

27　① 며칠 밤을 <u>새웠더니</u> 피곤하네요.

　　② 식당에 <u>갔더니</u> 사람이 너무 많네요.

　　③ 운동을 <u>했더니</u> 스트레스가 확 풀리네요.

　　④ 어제는 날씨가 <u>추웠더니</u> 오늘은 따뜻하네요.

28　① 밥을 급하게 <u>먹는</u> 바람에 체했어요.

　　② 늦게 <u>일어나자마자</u> 회사에 지각했어요.

　　③ 여기서 시간을 <u>보내느니</u> 차라리 집에 가겠어요.

　　④ 몸이 아플 때에는 식욕이 <u>없더라도</u> 잘 먹어야 해요.

29

> 오랜만에 만난 고향 친구와 함께 맛집으로 유명한 식당에 갔습니다. 식당 안에 손님이 많아서 (   ). 점심시간이 지났지만 여전히 많은 사람이 길게 줄을 서서 기다리고 있었습니다. 그래서 우리도 줄을 서서 기다렸습니다. 40분 정도 기다린 다음에야 식당 안으로 들어갈 수 있었습니다.

① 외식을 했습니다

② 주문을 했습니다

③ 안에 들어갔습니다

④ 자리가 없었습니다

30

> 저는 두 달 전 한국에 왔지만 너무 바빠서 외국인등록증을 신청하지 못했습니다. 그래서 오늘 시간을 내서 외국인등록증을 신청하러 (   ) 에 갔습니다. 신청서를 작성한 후 여권과 사진을 제출했습니다. 외국인등록증은 신청 후 2주가 지나야 받을 수 있다고 합니다.

① 여권등록과

② 행정복지센터

③ 종합사회복지관

④ 출입국 · 외국인청

31

> 설날은 한국의 대표적인 명절입니다. 음력 1월 1일이 되면 보통 가족, 친척들이 모여 차례를 지내고, 어른들과 윗사람에게 (   ). 윗사람은 아랫사람에게 덕담도 해 주고 세뱃돈도 줍니다. 그리고 건강과 장수를 빌며 아침에 떡국을 먹습니다. 설날에 떡국을 먹으면 나이를 한 살 더 먹는다는 의미가 있습니다.

① 세배를 합니다

② 효도를 합니다

③ 차례를 지냅니다

④ 떡국을 끓입니다

32

> 지금 사는 집은 주변이 시끄럽고 지하철역도 멀어서 새로 이사 갈 집을 구하고 있었습니다. 그런데 마침 부동산 중개업자에게 소개받은 집이 하나 있는데, 그 집은 주변이 시끄럽지 않고, 근처에 편의점과 마트, 공원이 있으며 지하철역도 가깝습니다. (   ) 편의 시설이 잘 갖춰진 집이라 마음에 듭니다.

① 조용한 데다가

② 교통이 불편한 데다가

③ 부동산 중개업자가 친절한 데다가

④ 현재 살고 있는 집의 계약 기간이 얼마 남지 않은 데다가

33

> 전자 제품은 구입 후 보증서와 함께 보관하는 것이 중요하다. 보증서에는 모델명, 보증 기간, 구입 일자 등이 쓰여 있다. 그중 제품 보증 기간을 특히 잘 살펴봐야 하는데 이는 제품 판매자가 소비자에게 무료로 수리를 약속한 기간을 말한다. 보증 기간은 제품마다 다르기 때문에 전자 제품을 구입하면 기간을 꼼꼼히 살펴봐야 한다.

① 보증서에 나와 있는 보증 기간은 모든 제품이 다 똑같다.
② 제품 구매 후 보증 기간과 구입 일자만 알고 있으면 된다.
③ 전자 제품을 구입한 후 보증서를 잘 보관하고 있어야 한다.
④ 전자 제품을 구입한 후 보증서만 있으면 무조건 수리가 가능하다.

34

> 한국에서는 하늘에 뜬 해의 움직임을 보고 1년을 15일씩 스물넷으로 나누어 계절의 변화를 나타낸다. 그중 동지는 음력 11월이며, 1년 중 밤이 가장 길고 낮이 가장 짧은 날이다. 동짓날에는 악귀를 쫓아내고 나쁜 일이 생기는 것을 막는 풍습으로 팥죽을 먹는다.

① 동지가 되면 1년 중 밤이 가장 길다.
② 한국에서는 동지를 최고의 날이라 생각한다.
③ 동지는 24절기 중 유일하게 악귀를 쫓아내는 날이다.
④ 나쁜 일을 막으려면 동짓날에 반드시 팥죽을 먹어야 한다.

35

> 휴일에 약이 필요하면 '휴일 지킴이 약국'을 찾으면 됩니다. '휴일 지킴이 약국'은 사람들이 필요한 약을 구입할 수 있도록 휴일에도 문을 엽니다. '휴일 지킴이 약국'의 정보는 누리집에서 찾을 수 있으며 필요한 약 정보도 확인할 수 있습니다.

① 휴일에는 약을 구입하기 어렵습니다.

② 휴일 지킴이 약국은 휴일에 문을 엽니다.

③ 휴일에도 누리집에서 약을 구입할 수 있습니다.

④ 필요한 약 정보를 알고자 하는 경우 휴일 지킴이 약국을 찾으면 됩니다.

36

> 저는 요리하는 것을 좋아합니다. 특히 한국 음식을 잘 만듭니다. 어제는 친구들에게 된장찌개를 만들어 주었습니다. 친구들이 맛있다고 칭찬해 주었습니다. 내일은 김치를 만들어 보려고 하는데 좋은 배추를 써야 김치가 맛있다고 합니다. 오늘 시장에 가는데 좋은 배추가 있었으면 좋겠습니다.

① 저는 요리사가 되고 싶습니다.

② 내일 시장에서 좋은 배추를 살 겁니다.

③ 저는 된장찌개와 김치를 맛있게 만들었습니다.

④ 친구들은 제가 만든 된장찌개가 맛있다고 했습니다.

37 아래 글의 중심 내용으로 알맞은 것은?

> 한국소비자원은 소비자 피해를 구제하기 위한 정부 산하 기관이다. 소비자의 고충(힘든 점, 어려운 점)을 들어주고 도와주는 일을 한다. 그리고 소비자 문제의 원인을 밝혀 실태 조사·사례 분석·대안 평가 등 다양한 방법으로 도출한 개선 방안을 관계 당국에 건의하며 필요시 행정 당국이 바로 시행에 옮길 수 있도록 법령과 제도의 구체적인 계획을 마련하고 있다.

① 한국소비자원은 소비자 단체이다.
② 소비자 피해단체는 한국소비자원뿐이다.
③ 한국소비자원은 소비자의 권리와 이익을 지키는 기능을 한다.
④ 한국소비자원은 소비자 피해를 막기 위해 법을 만드는 곳이다.

38 아래 글의 제목으로 알맞은 것은?

> 매달 마지막 주 수요일은 '문화가 있는 날'이다. 이날은 영화관, 공연장, 박물관, 미술관 등 전국 2,000여 개 이상의 문화 시설이 할인 또는 무료 관람, 야간 개장 등의 다양한 문화 혜택을 제공한다. 이는 개인이 문화를 누릴 수 있는 기회와 경험을 제공하고 지역 간 문화 격차 해소를 넘어 지역 내 문화 분권 실현을 이루는 것이다.

① 개인 문화를 향유할 수 있는 날 안내
② 매달 마지막 주 수요일은 '문화가 있는 날'
③ 문화생태계 구축을 위한 맞춤형 사업 추진
④ 지역 간 문화 격차 해소를 위한 '문화가 있는 날'

※ [39-48] 다음 질문에 답하시오.

39 다음 (   )에 들어갈 알맞은 것은?

> 가: 한국 사람들은 추석에 무슨 음식을 먹나요?
>
> 나: 친척들이 모여 함께 (   )을/를 먹어요.

① 떡국

② 팥죽

③ 송편

④ 비빔밥

40 다음 (   )에 들어갈 알맞은 것은?

> 한국에서는 부모와 자녀를 (   )으로/로 구분한다.

① 무촌

② 일촌

③ 이촌

④ 삼촌

41 다음 (   )에 들어갈 알맞은 것은?

> 대중교통 이용을 권장하기 위해 (   )와/과 같은 제도를 시행하고 있다.

① 대리운전

② 심야할인제도

③ 현금 없는 버스

④ 버스전용차로제

42 다음 (   )에 들어갈 알맞은 것은?

> 한국인이 거주하는 집의 형태는 단독 주택과 (   )으로/로 나눌 수 있다.

① 한옥
② 공동 주택
③ 다가구 주택
④ 다세대 주택

43 다음 (   )에 들어갈 알맞은 것은?

> 설날에는 (   )을/를 준비하기도 한다. 이는 옷이나 신발을 새로 사서 아이들에게 입히는 것을 말한다.

① 설빔
② 차례
③ 세배
④ 윷놀이

44 다음 (   )에 들어갈 알맞은 것은?

> 과거 농촌에는 두레나 품앗이처럼 서로 의지하고 돕는 (   ) 풍습이 있었다.

① 효
② 향우회
③ 동문회
④ 상부상조

45 한국 음식에 대한 설명으로 맞지 <u>않는</u> 것은?

① 명절인 단오에는 떡국을 먹는다.

② 한국의 전통적인 밥상은 밥, 국, 반찬으로 구성된다.

③ 11월 말에서 12월 초에 많은 양의 김치 담그는 것을 김장이라고 한다.

④ 된장, 간장, 고추장, 젓갈류 등과 같은 발효 음식을 반찬으로 많이 먹는다.

46 한국의 민주 정치에 대한 설명으로 맞지 <u>않는</u> 것은?

① 대한민국은 민주공화국이다.

② 대한민국의 주권은 국민에게 있다.

③ 대한민국은 대통령제 국가로 중임제가 가능하다.

④ 인간의 존엄성, 자유, 평등과 같은 가치를 추구한다.

47 아래 글의 내용과 <u>다른</u> 것은?

> 한국에서 은행 계좌를 만들기 위해서는 여권이나 신분증, 재직증명서 등 자신을 증명할 수 있는 서류를 가지고 은행에 방문해야 한다. 또한 한국에서는 모든 금융 거래를 실제 본인의 이름으로 하는 금융실명제가 1993년 김영삼 정부부터 실시되었다. 그래서 자신의 계좌를 다른 사람에게 빌려주거나 다른 사람의 이름을 빌려서 계좌를 만들면 처벌을 받게 된다.

① 김영삼 정부부터 금융실명제가 실시되고 있다.

② 모든 금융 거래는 자신의 이름으로만 해야 한다.

③ 은행 계좌를 만들기 위해 여권이나 신분증을 가지고 가야 한다.

④ 통장을 빌려주는 것은 안 되지만 다른 사람의 이름으로 계좌를 만드는 것은 가능하다.

48 아래 글의 내용과 같은 것은?

> 2007년 '재한외국인처우기본법'이 제정되었다. 이 법은 외국인이 한국에서 보다 편리하게 생활할 수 있도록 재한외국인과 자녀의 차별 방지 및 인권 보호, 사회 적응 지원 등을 돕는다. 지방자치제에서 실시하고 있는 다국어 전화 상담 서비스나 법무부에서 실시하고 있는 사회통합프로그램의 한국어와 한국 문화 교육, 한국 사회 이해 교육 등도 이 법을 근거로 지원되고 있으며, 인권 침해를 당했을 때 법률 상담 서비스도 받을 수 있다.

① 재한외국인처우기본법은 2007년에 제정되었다.

② 외국인이 인권 침해를 당했을 때 모든 법률 상담은 무료이다.

③ 외국인의 편리한 한국생활을 위해 무조건 지원해 주고 도와야 한다.

④ 이 법을 근거로 교육부에서는 한국어와 한국 문화 교육을 지원하고 있다.

※ [49-50] 다음을 읽고 (   )에 가장 알맞은 것을 쓰시오.

49

> 학교 교육에서 학생을 올바르게 알고 지도하기 위하여 참고할 만한 사항을 적은 장부를 (   )(이)라고 한다. 한국에서 대학에 진학하고자 할 때 이를 바탕으로 수시 모집에 지원할 수 있다.

50

> 가: 어제 저녁에 잘 갔어요? 전화를 했는데 안 받아서 걱정했어요.
> 나: 미안해요. 너무 피곤해서 집에 (   ) 잤어요.
> 가: 괜찮아요. 집에 잘 들어가서 다행이에요.

> 　유네스코 세계유산위원회는 세계의 문화와 자연유산을 지키기 위해 세계적으로 중요한 문화재를 세계문화유산으로 지정하여 보존하고 연구한다. 2019년에는 한국의 서원이 유네스코 세계문화유산에 선정되기도 했다. 한국의 서원은 조선 시대 교육 시설로 성리학에 기반하여 한국 사회의 문화와 전통을 가르치던 시설이다. 현재 한국의 유네스코 세계유산은 16개, 세계기록유산은 18개가 등재되어 있다.

01　　위의 글을 소리 내어 읽어 보세요.

02　　1) 유네스코 세계유산위원회는 무엇을 하는 곳입니까?

　　　　2) 한국의 서원은 어떤 시설인지 이야기해 보세요.

03　　1) _____ 씨 나라에 세계문화유산으로 등재된 것이 있다면 소개해 보세요.

　　　　2) 친구 또는 가족에게 추천하고 싶은 한국의 세계문화유산을 소개해 보세요.

04　　1) 한국은 연고를 중요하게 생각합니다. 연고에는 어떤 것이 있는지 말해 보세요.

　　　　2) 향우회가 무엇인지 예를 들어 말해 보세요.

05   한국에는 많은 명소와 축제가 있습니다.

1) 수도권의 명소 중 가본 곳이 있으면 어떤 곳인지 소개해 보세요.

2) 수도권의 축제 중 참여해 본 적이 있거나 유명한 축제가 있다면 소개해 보
   세요.

− 끝, 수고하셨습니다. −

시험 시간 60분(객관식 + 단답형 주관식) | 정답 및 해설 p.184

※ [01-02] 다음을 보고 (   )에 알맞은 것을 고르시오.

01

가: 여자는 뭐 해요?
나: (   ).

① 등산해요
② 수영해요
③ 노래해요
④ 빨래해요

02

저는 어제 친구(   ) 산에 갔어요.

① 에
② 를
③ 에서
④ 하고

※ [03-04] 다음 〈보기〉를 참고하여 밑줄 친 부분과 의미가 반대인 것을 고르시오.

보기

가: 노래 부르는 것을 좋아해요?
나: 아니요, 노래 부르는 것을 (   ).

❶ 싫어해요   ② 미워해요   ③ 사랑해요   ④ 연습해요

03

가: 어제 야구 경기는 이겼나요?
나: 아니요, 우리팀이 (   ).

① 졌어요
② 연승했어요
③ 응원했어요
④ 승리했어요

04

가: 미나 씨, 가방이 무거워요?
나: 아니요, 가방이 (   ).

① 좋아요
② 많아요
③ 가벼워요
④ 깨끗해요

05

오후에는 (   )에서 공부를 해요.

① 공항

② 서점

③ 여행사

④ 도서관

06

가: 부산에서 무엇을 하고 싶어요? 나: 부산에서 바다도 보고 사진도 (   ).

① 먹고 싶어요

② 사고 싶어요

③ 찍고 싶어요

④ 가고 싶어요

07

가: 오후인데 밖이 <u>어두워요</u>?
나: 아니요, 아직은 (   ).

① 추워요

② 밝아요

③ 맑아요

④ 흐려요

08

가: 문제를 푸는데 시간이 <u>충분했어요</u>?
나: 아니요, 시간이 (   ).

① 부족했어요

② 어려웠어요

③ 나빠졌어요

④ 즐거웠어요

09

5년 동안 열심히 (　　　)을/를 해서 드디어 차를 샀습니다.

① 저축

② 할인

③ 주문

④ 환불

10

호텔이나 면세점에 (　　　) 외국어를 잘해야 할 것 같아요.

① 취소하려면

② 교환하려면

③ 취직하려면

④ 초대하려면

11

> 아이스크림을 너무 많이 (   ) 배가 아파요.

① 먹고
② 먹었더니
③ 먹을수록
④ 먹으면서

12

> 통장에 돈이 얼마 안 남았네요. 낭비하지 말고 (   )을/를 해야겠어요.

① 세금
② 수입
③ 할부
④ 절약

※ [13-14] 다음 〈보기〉를 참고하여 밑줄 친 부분과 의미가 비슷한 것을 고르시오.

보기

가: 정원이 진짜 예쁘네요.

나: 네, 어머니께서 정원을 (   ) 가꾸셨어요.

① 귀엽게   ② 더럽게   ❸ 아름답게   ④ 맛있게

13

가: 수업 시간은 언제로 바꿨어요?

나: 수요일에서 토요일로 (   ).

① 취소했어요

② 교환했어요

③ 변경했어요

④ 환불했어요

14

가: 노트북이 고장이 나서 서비스 센터에 가야겠어요.

나: 그래요. 서비스 센터에 몇 시쯤 (   )?

① 방문해요

② 지불해요

③ 사용해요

④ 예약해요

※ [15-22] 다음 대화의 ( )에 들어갈 가장 알맞은 것을 고르시오.

15

> 가: 내일 모임에 ( )?
> 나: 아니요, 내일 약속이 있어서 못 가요.

① 갔지요
② 갔어요
③ 갈 수 있어요
④ 간 적 있어요

16

> 가: 빨래를 하고 나서 무엇을 할 거예요?
> 나: 장도 ( ) 요리도 할 거예요.

① 보면
② 보고
③ 보지만
④ 보니까

17

> 가: 사진 속의 아이는 누구예요?
> 나: 저하고 제일 ( ) 친구의 딸이에요.

① 친할
② 친한
③ 친해
④ 친해서

18

가: 감기가 낫지 않아서 걱정이에요.

나: 감기가 빨리 (　　　) 병원에 가는 것이 좋겠어요.

① 낫도록

② 나아서

③ 나으니까

④ 낫기 때문에

19

가: 여기요, 된장찌개 두 개 (　　　)?

나: 네, 잠깐만 기다리세요.

① 줄까요

② 주시겠어요

③ 주려고 해요

④ 준 적이 있어요

20

가: 내일 비가 와도 행사를 진행하나요?

나: 네, 미리 (　　　) 행사는 진행될 예정입니다.

① 알려드려도

② 알려드려서

③ 알려드렸다시피

④ 알려드리더라도

21

> 가: 회사에 무슨 문제 있어요?
>
> 나: 일이 많아서 (   ) 일 할 사람이 부족해요.

① 바쁜데

② 바쁘니까

③ 바쁠까봐

④ 바쁘더라도

22

> 가: 수지 씨가 그렇게 한국말을 잘한다면서요?
>
> 나: 네, 한국 사람이라고 해도 (   ) 한국말을 잘해요.

① 믿는 수밖에

② 믿는 것보다

③ 믿을 정도로

④ 믿을 수조차

※ [23-24] 다음 밑줄 친 부분이 <u>틀린</u> 것을 고르시오.

23　① 친구가 같이 쇼핑을 <u>하자고 했어요</u>.

　　　② 늦잠을 자서 지각을 <u>할까 봐</u> 뛰어갔어요.

　　　③ 퇴근 시간에는 길이 많이 <u>막히기 마련이에요</u>.

　　　④ 머리가 너무 아파서 조퇴를 <u>할 수밖에 있었어요</u>.

24　① 제가 <u>바쁘느라고</u> 다음에 통화해요.

　　　② 엄마한테 <u>혼날까 봐</u> 숙제를 먼저 했어요.

　　　③ 지난주부터 <u>기다리던</u> 택배가 도착했어요.

　　　④ 어려운 일이 <u>생기면</u> 언제라도 연락하세요.

※ [25-26] 다음 대화의 (   )에 들어갈 가장 알맞은 것을 고르시오.

25

> 가: 감기에 걸렸어요?
> 나: 네, 에어컨을 (   ) 잠을 자서 감기에 걸렸어요.

① 켜 놓으려면
② 켜 놓은 채로
③ 켜 놓았으니까
④ 켜 놓기가 무섭게

26

> 가: 지금 나오는 노래 제목을 아세요?
> 나: 지난번 친구 집에서 (   ) 노래인데 기억이 잘 안 나네요.

① 들어서
② 듣다가
③ 들었던
④ 듣지만

※ [27-28] 다음 밑줄 친 부분이 **틀린** 것을 고르시오.

27 ① 겨울 날씨치고 따뜻한 편이네요.
② 저는 학교에서 영어를 가리켰어요.
③ 짐이 많아서 그런데 좀 도와주실래요?
④ 집 근처에 둘레길이 있어서 산책하기에 좋아요.

28 ① 한국어는 배우니까 점점 어려워져요.
② 저는 한국에 온 지 이제 1년 조금 넘었어요.
③ 비행기가 안개로 인해 도착이 늦어졌습니다.
④ 그 아이는 학교뿐 아니라 집에서도 장난꾸러기예요.

※ [29–32] 다음을 읽고 (   )에 가장 알맞은 것을 고르시오.

29

> 저는 보통 월요일부터 금요일까지 일을 합니다. 하루에 8시간 일을 합니다. 그런데 일이 많으면 (   ). 그리고 토요일에도 일을 합니다.

① 주로 쉽니다

② 퇴근을 합니다

③ 출근을 안 합니다

④ 밤에도 일을 합니다

30

> 저는 노래 부르는 것을 좋아합니다. 텔레비전에 나오는 가수들의 노래를 들으면서 (   ). 그러면 기분이 좋아지기 때문에 더욱더 열심히 노래를 따라 부릅니다.

① 대답을 합니다

② 텔레비전을 켭니다

③ 큰 소리로 따라 부릅니다

④ 운동을 잘 할 수 있습니다

31

동대문시장은 서울에 있는 큰 시장입니다. 그리고 외국인들에게도 많이 알려져 있습니다. 여러 가지 물건이 많고, 특히 다양한 옷과 액세서리가 많기로 (　　　　　　). 동대문시장은 늦은 오후부터 다음날 새벽까지 문을 열기 때문에 밤에도 쇼핑을 할 수 있습니다.

① 필요합니다
② 유명합니다
③ 기대합니다
④ 설명합니다

32

저는 버스를 많이 이용합니다. 한국은 버스 노선이 다양하고 요금이 싸서 좋습니다. 한국에서는 버스를 (　　　　　　) 버스 요금을 내는데, 현금으로 내기도 하지만 요즘에는 교통카드나 신용카드로 내는 경우가 많습니다. 교통카드는 편의점이나 지하철역에서 쉽게 구입할 수 있습니다.

① 탈 때
② 갈 때
③ 올 때
④ 내릴 때

※ [33-36] 다음을 읽고 글의 내용과 같은 것을 고르시오.

33

> 한글은 한국에서 사용되는 글자이며, 맞춤법 규정에 따라 14개의 자음과 10개의 모음으로 이루어져 있습니다. 한글은 글자마다 각각 다른 소리를 가지며, 자음과 모음이 결합된 형태로 쓰입니다. 그리고 왼쪽에서 오른쪽으로 씁니다.

① 한국어는 글자를 쓰기 어렵습니다.
② 한글은 24개의 문자로 되어 있습니다.
③ 한국어는 왼쪽 글자에서 소리가 납니다.
④ 한글은 10개의 자음, 14개의 모음을 갖고 있습니다.

34

> 예전에는 다른 사람에게 소식을 전하기 위해 직접 손으로 편지를 쓰거나 전화를 걸어야 했다. 그러나 최근 정보통신기술이 발달하면서 소식을 전하는 방법도 다양해졌다. 요즘 사람들은 스마트폰으로 이메일과 문자 메시지 또는 트위터와 페이스북 등과 같은 SNS(에스엔에스)를 많이 활용한다. 특히 스마트폰으로 상대방과 문자, 사진, 영상 등을 주고받으며 서로 소식을 전한다.

① 손으로 직접 편지를 쓰는 것이 좋다.
② 전화와 손 편지는 돈이 거의 들지 않는다.
③ 스마트폰이 있어도 다른 사람들과 소식을 주고받기가 어렵다.
④ 요즘은 이메일, 문자 메시지, SNS를 이용하여 소식을 주고받는다.

35

> 사람들이 사는 곳에서는 크고 작은 갈등과 다툼이 생기기 마련입니다. 서로 갈등을 잘 해결하면 좋겠지만 때로는 법적으로 문제를 해결해야 할 때도 있습니다. 법적으로 문제를 해결한다는 것은 재판으로 해결한다는 것인데 재판에는 민사 재판, 형사 재판, 가사 재판 등이 있습니다. 그러나 재판은 시간도 오래 걸리고, 서로를 힘들게 하기 때문에 갈등이 생겼을 때 법적으로 해결하기보다 서로 잘 협의하는 것이 중요합니다.

① 가정 내 갈등은 형사 재판으로 문제를 해결하면 됩니다.
② 사람들이 사는 곳에는 크고 작은 문제가 생길 수 있습니다.
③ 재판으로 문제를 해결하는 것이 갈등을 줄이는 가장 좋은 방법입니다.
④ 갈등보다는 양보와 협의가 좋지만 가능한 한 법적으로 가는 게 좋습니다.

36

> 한국전쟁(6·25 전쟁)이 끝날 무렵 한국은 세계에서 가장 가난한 나라 중 하나였다. 가난했던 한국은 국제 사회의 원조를 받아 빠르게 성장하여 2019년 경제협력개발기구(OECD)의 개발원조회의(DAC)에 가입하게 되었다. 그리고 이제는 한국이 저개발국가와 경제, 보건, 교육 분야에 지원이 필요한 국가를 돕고 있다. 원조를 받다가 원조를 하게 된 세계 최초의 국가가 된 것이다.

① 한국은 지금도 가난한 나라이다.
② OECD의 DAC는 2019년에 건립되었다.
③ 한국은 원조를 받는 나라에서 원조를 하는 나라라는 평가를 받고 있다.
④ 한국은 2019년에 OECD의 DAC에 가입했으나 여전히 도움을 받고 있다.

37 아래 글의 중심 내용으로 알맞은 것은?

> 저는 제가 맡은 일을 아주 중요하게 생각합니다. 그래서 일을 할 때 여러 번 확인하고 진행하여 실수나 빈틈이 거의 없습니다. 또 제가 중요하다고 생각하는 일에는 단계적으로 목표를 세우고 그 목표를 하나씩 이루어냅니다. 그리고 저는 어려운 사람들을 보면 안타까운 마음이 듭니다. 그래서 어려움에 처한 사람들을 보면 그냥 지나치기보다 제가 도울 수 있는 것을 하려고 합니다.

① 나는 책임감이 강하고 동정심이 많다.
② 나는 계획적이고 냉정한 성격을 갖고 있다.
③ 나는 책임감이 강하지만 꼼꼼한 편은 아니다.
④ 나는 계획을 잘 세운 다음 남에게 도움을 청한다.

38 아래 글의 제목으로 알맞은 것은?

> 지난 주말, 나는 봉은사에서 친구들과 함께 템플스테이 체험을 했다. 절에서 입는 법복은 생각보다 편하고 시원했다. 친구들과 함께 사찰을 순례한 후에 108배를 했다. 마지막에는 다리가 풀려서 넘어질 뻔했지만 힘을 내서 끝까지 해냈다. 그리고 스님들을 따라 발우공양을 했다. 발우공양은 식사를 할 때 음식을 남기지 않고 먹은 후에 마지막으로 그 그릇에 물을 따라서 마시는 것을 말한다.

① 봉은사 순례의 마지막
② 발우공양의 의의와 역사
③ 한국 교회에서의 문화 체험
④ 친구들과 함께 한 봉은사 템플스테이

※ [39-48] 다음 질문에 답하시오.

39 다음 (   )에 들어갈 알맞은 것은?

> 가: 한국에서 제일 큰 섬이 어디예요?
>
> 나: (   )예요.

① 독도

② 우도

③ 제주도

④ 울릉도

40 다음 (   )에 들어갈 알맞은 것은?

> 내일은 (   )(이)니까 부모님 댁에 다녀오려고 합니다.

① 어머니날

② 어버이날

③ 부부의 날

④ 성년의 날

41 다음 (   )에 들어갈 알맞은 것은?

> 가: 한국에서는 고등학교를 몇 년 다녀야 졸업할 수 있나요?
>
> 나: (   )을/를 다녀야 해요.

① 2년   ② 3년

③ 4년   ④ 5년

42 다음 글의 (   )에 들어갈 알맞은 것은?

가: 한국의 24절기 중 '동지'에는 무엇을 먹나요?
나: (   )을/를 먹어요.

① 떡국
② 만두
③ 송편
④ 팥죽

43 다음 글의 (   )에 들어갈 알맞은 것은?

대한민국이 1945년 일본으로부터 해방된 것을 기념하고, 대한민국 정부 수립을 경축하는 날을 (   )(이)라고 합니다.

① 3 · 1절
② 제헌절
③ 광복절
④ 개천절

44 다음 (   )에 들어갈 알맞은 것은?

한국에서는 약국뿐만 아니라 (   )에서도 해열제, 진통제, 소화제, 감기약, 파스 등을 살 수 있습니다.

① 시장
② 서점
③ 편의점
④ 보건소

45 한국의 이웃사촌에 대한 설명으로 맞지 <u>않는</u> 것은?

① 한국 사람들은 예로부터 이웃을 소중하게 생각했다.

② 이웃사촌은 거리가 가까운 곳에 사는 사람이라는 뜻이다.

③ 현대에도 여전히 이웃과 가족같이 친밀한 관계를 유지하고 있다.

④ 농경 생활을 해오면서 서로 돕다 보니 가까운 친척만큼 친한 사이가 되었다.

46 한국의 축의금과 조의금에 대한 설명으로 맞지 <u>않는</u> 것은?

① 한국 사람들은 주로 장례식장에서 장례식을 한다.

② 축의금은 보통 빨간색 봉투에 돈을 넣어 개인적으로 낸다.

③ 빈소를 방문한 사람들이 위로의 뜻으로 내는 돈을 '조의금'이라고 한다.

④ 한국 사람들은 결혼식을 주로 예식장이나 호텔 또는 교회나 성당에서 한다.

47 아래 글의 내용과 <u>다른</u> 것은?

> 정부는 각종 재난이 발생하였을 때 모든 국민에게 재난을 알리는 문자를 보낸다. 봄에는 미세 먼지, 여름에는 폭염과 호우, 겨울에는 한파, 폭설, 건조 주의보 등 재난 상황을 알려 준다. 또 지진이나 해일과 같은 재난 발생 시 신속한 대피를 위해 휴대 전화로 긴급 재난 문자도 보낸다. 이는 행정안전부에서 이동통신사로 보내는 것이다. 안전 안내 문자와 긴급 재난 문자는 사용자의 휴대 전화 설정에서 수신 및 거부 설정이 가능하다.

① 재난에는 폭염, 호우, 한파, 폭설, 지진 등이 있다.

② 안전 안내 및 긴급 재난 문자는 사용자에게 요금을 부과하고 있다.

③ 한국에서는 국민의 안전을 위해 안전 안내 및 긴급 재난 문자를 보낸다.

④ 안전 안내 및 긴급 재난 문자는 휴대폰 설정에서 수신 또는 거부를 설정할 수 있다.

48 아래 글의 내용과 <u>다른</u> 것은?

> 지역마다 크기도 다르고 상황도 다르기 때문에 중앙정부에서 이를 모두 수용하고 해결하기는 사실상 불가능하다. 그리하여 지역 주민이 스스로 자기 지역의 대표자를 뽑아서 지역의 정치를 하도록 하는 '지방자치제'가 실시되었다. 지방자치제는 지역에서 발생하는 문제에 대해 지방자치단체와 지역 주민들이 함께 참여하여 논의하고 문제를 해결하며, 지역 주민의 삶에 가장 가까이 붙어 있다는 의미에서 '풀뿌리 민주주의'라고 불리기도 한다.

① 지역 주민이 요구하는 문제는 각 지역의 상황에 따라 다를 수 있다.

② 함께 참여하고 해결하는 지방자치제를 '풀뿌리 민주주의'라고도 한다.

③ 지역 문제는 자치단체와 지역 주민들이 스스로 해결하는 노력이 필요하다.

④ 지자체의 문제를 해결하기 위해 중앙정부는 지역의 요구를 모두 수용한다.

49

> 　도서관, 박물관, 병원, 지하철역과 같이 여러 사람이 함께 사용하는 장소를 (　　　)(이)라고 한다. 이곳에서는 큰 소리로 떠들거나 아무 데나 쓰레기를 버리는 등 다른 사람에게 피해를 주는 행동을 하지 않도록 해야 한다.

50

> 가: 마트 멤버십 카드 하나 만드세요.
>
> 나: 멤버십 카드를 (　　　) 무슨 혜택이 있나요?
>
> 가: 구매 금액의 2%를 적립해 드려요.

지역 주민이 스스로 자기 지역의 대표자를 뽑아서 지역의 정치를 담당하도록 하는 것을 '지방자치제'라 한다. 정부에서 각 지역의 요구를 모두 처리하기 어렵기 때문에 지방자치단체장이 지역의 일을 해결하고 있다. 외국인도 영주자격을 얻은 후 3년이 지나면 지역의 대표를 뽑는 선거에 참여할 수 있으며 지역 정치에 참여할 수 있다.

01 위의 글을 소리 내어 읽어 보세요.

02 1) 지방자치제란 무엇인가요?

2) 지방자치단체장에게 지역의 일을 해결하도록 하는 이유는 무엇인가요?

03 1) _____ 씨 나라에도 지방자치제가 있는지 말해 보세요.

2) _____ 씨 나라에서 지역의 대표를 뽑는 방법에 대해 말해 보세요.

04 1) 대한민국의 불교와 유교 문화유산에는 어떤 것이 있는지 말해 보세요.

2) _____ 씨 나라의 문화유산에는 어떤 것이 있는지 말해 보세요.

05   1) 한국에는 어떤 대중문화가 있는지 말해 보세요.

2) 한국의 '방' 문화를 즐겨 보셨나요? 어떤 방 문화가 있는지 말해 보세요.

– 끝, 수고하셨습니다. –

시험 시간 60분(객관식 + 단답형 주관식) | 정답 및 해설 p.199

※ [01-02] 다음을 보고 (   )에 알맞은 것을 고르시오.

01

가: 이 사람은 뭐 해요?
나: (   ).

① 옷을 사요

② 빵을 먹어요

③ 게임을 해요

④ 텔레비전을 봐요

02

> 저는 회사에 버스(   ) 가요.

① 가

② 에

③ 로

④ 를

※ [03-04] 다음 〈보기〉를 참고하여 밑줄 친 부분과 의미가 반대인 것을 고르시오.

보기

가: 남동생은 키가 <u>커요</u>?

나: 아니요, 키가 (   ).

❶ 작아요   ② 낮아요   ③ 높아요   ④ 적어요

03

가: 집이 <u>멀어요</u>?

나: 아니요, (   ).

① 좋아요

② 좁아요

③ 길어요

④ 가까워요

04

가: 마트에 사람이 <u>많아요</u>?

나: 아니요, 마트에 사람이 (   ).

① 커요

② 적어요

③ 있어요

④ 없어요

05

> 가: 아침부터 계속 이가 아파요.
>
> 나: (   )에 가는 것이 좋겠어요.

① 치과

② 내과

③ 정형외과

④ 이비인후과

06

> 가: 이번 토요일에 아이 돌잔치를 할 거예요.
>
> 나: 어머, 아이가 (   ) 돌이에요?

① 이미

② 거의

③ 벌써

④ 어서

※ [07-08] 다음 밑줄 친 부분과 의미가 <u>반대인</u> 것을 고르시오.

07

> 가: 마스크를 <u>벗을까요?</u>
>
> 나: 아니에요. (   ) 계세요.

① 들고

② 쓰고

③ 입고

④ 빼고

08

> 가: 저는 이번 시험이 지난번보다 <u>쉬웠어요.</u>
>
> 나: 그래요? 저는 이번 시험이 (   ).

① 긴장했어요

② 걱정했어요

③ 불편했어요

④ 어려웠어요

※ [09-12] 다음 (   )에 들어갈 가장 알맞은 것을 고르시오.

09

외식을 자주 해서 이번 달에 (   )이/가 많이 나왔어요.

① 식비
② 교통비
③ 의료비
④ 교육비

10

병원에 (   ) 동안 술을 마시거나 담배를 피우면 안 됩니다.

① 등록하는
② 갱신하는
③ 신청하는
④ 입원하는

11

> 저는 평소에 물건을 살 때 현금보다 카드로 (   ).

① 만들어요

② 약속해요

③ 들어가요

④ 계산해요

12

> 한국 문화가 익숙하지 않아 가끔 (   )을/를 해요.

① 인사

② 발음

③ 실수

④ 사용

※ [13-14] 다음 〈보기〉를 참고하여 밑줄 친 부분과 의미가 <u>비슷한</u> 것을 고르시오.

가: 정원이 진짜 <u>예쁘네요</u>.

나: 네, 어머니께서 정원을 (   ) 가꾸셨어요.

① 귀엽게   ② 더럽게   ❸ 아름답게   ④ 맛있게

13

가: 인터넷을 신청하고 싶은데, 좀 <u>저렴하게</u> 가입할 수 있을까요?

나: 홈페이지에서 직접 신청하면 좀 더 (   ) 가입할 수 있어요.

① 쉽게

② 싸게

③ 바쁘게

④ 비싸게

14

가: 한국 <u>회사에 들어가고</u> 싶어서 한국어 공부를 하고 있어요.

나: 열심히 하면 꼭 (   ) 수 있을 거예요.

① 이수할

② 취소할

③ 취직할

④ 요청할

※ [15-22] 다음 대화의 (   )에 들어갈 가장 알맞은 것을 고르시오.

15

> 가: 애나 씨, 저녁에 뭐 할 거예요?
> 나: 쇼핑을 (   ) 집에서 책을 읽을 거예요.

① 해서
② 하러
③ 하려면
④ 하거나

16

> 가: 운전을 할 수 있어요?
> 나: 운전 면허증이 (   ) 요즘에는 운전을 안 해요.

① 있으려면
② 있는 반면에
③ 있는 셈치고
④ 있기는 하지만

17

> 가: 우산 같이 (   )?
> 나: 네, 고마워요.

① 쓰세요
② 썼어요
③ 쓸까요
④ 써 보세요

18

> 가: 내일이 민수 씨 생일이지요? 제가 케이크를 사올까요?
>
> 나: 케이크는 제가 가져올 거니까 지웅 씨는 음료수를 (   ).

① 준비하지 못해요

② 준비할 수 있어요

③ 준비할 것 같아요

④ 준비하면 좋겠어요

19

> 가: 요즘 한국 날씨는 어때요?
>
> 나: 너무 추워요. 오늘 밤에도 눈이 (   ).

① 오세요

② 와 보세요

③ 오면 돼요

④ 올 것 같아요

20

> 가: 메이 씨는 전주에 (   )?
>
> 나: 네, 지난 여름에 다녀왔어요.

① 갈래요

② 가도 돼요

③ 간 적이 있어요

④ 가기 때문이에요

21

> 가: 한국어를 빨리 배우고 싶은데 어떻게 해야 돼요?
>
> 나: 한국어를 빨리 (   ) 한국 사람들과 이야기를 많이 하세요.

① 배우면

② 배우려면

③ 배우느라고

④ 배우기 때문에

22

> 가: 어떡하지? 입장료가 오천 원인데 지금 돈이 (   ) 없어.
>
> 나: 괜찮아. 내가 사천 원은 빌려줄게.

① 천 원밖에

② 천 원만큼

③ 천 원까지

④ 천 원이나

※ [23-24] 다음 밑줄 친 부분이 **틀린** 것을 고르시오.

23 ① 다음 학기에 유학을 <u>가는다고 해요</u>.

② 지난번에 <u>갔던</u> 곳과 분위기가 비슷해요.

③ 여동생을 <u>마중하러</u> 공항에 가는 길이에요.

④ 대학 때 자주 <u>가곤 했는데</u>, 지금도 손님이 많아요?

24 ① 교실에 사람이 <u>많은가요</u>?

② 주방과 거실이 <u>넓으면 돼요</u>.

③ 이 정도 가격이면 <u>살 만해요</u>.

④ 요즘 일이 많아서 오늘 야근을 <u>하는 편이에요</u>.

※ [25-26] 다음 대화의 (   )에 들어갈 가장 알맞은 것을 고르시오.

25

가: 설날에 왜 떡국을 먹어요?

나: 한국 사람들은 설날에 떡국을 먹어야 한 살 더 (   ) 생각해요.

① 많아도

② 많아진다고

③ 많아지니까

④ 많은 데다가

26

가: 김치찌개를 처음 만들어 봤어요. 맛이 어때요?

나: 아주 맛있지는 않지만 (   ).

① 먹을 만해요

② 먹어 봤어요

③ 먹기도 해요

④ 먹을 거예요

※ [27–28] 다음 밑줄 친 부분이 **틀린** 것을 고르시오.

27 ① 수업이 끝나면 친구를 <u>만나러</u> 갈 거예요.

② 자주 만나면 사이가 좋아지기 <u>마련이에요</u>.

③ 친구가 만들어 준 선물을 <u>잃어버리고</u> 말았어요.

④ 한국 요리를 어디에서 <u>배운지</u> 알아보고 있어요.

28 ① 라민 씨가 오늘 많이 <u>긴장했나 봐요</u>.

② 휴대폰이 오래됐지만 아직 <u>쓸 만해요</u>.

③ 부모님이 걱정하실까 봐 잘 <u>지내는지 몰라요</u>.

④ 물건을 사기 전에 가격 비교를 먼저 <u>하는 게 좋아요</u>.

29

> 저는 감기에 걸렸습니다. 열이 많이 나고 목이 아팠습니다. 그래서 선생님께 연락을 드리고 (   ). 대신 집에서 감기약을 먹고 물을 많이 마셨습니다. 그리고 푹 쉬었습니다.

① 학교에 안 갔습니다

② 학교에서 시험을 봤습니다

③ 의사 선생님을 만났습니다

④ 선생님이 병원에 가셨습니다

30

> 은행에 가야할 때 언제 가는 것이 좋을까요? 은행은 오전에 가는 것이 좋습니다. 왜냐하면 오후가 될수록 사람이 많고 (   ) 때문입니다. 특히 매달 마지막 날 오후는 은행이 가장 바쁜 때입니다. 그러므로 급한 일이 아니라면 매달 마지막 날 오후는 피해서 가는 것이 좋습니다.

① 필요하기

② 기대하기

③ 유명하기

④ 복잡하기

31

물건을 사고 난 후에 교환이나 환불을 할 때가 있습니다. 보통 물건을 구매한 지 일주일 이내에는 교환이나 환불이 (   ). 그러나 일주일이 지난 후에는 교환이나 환불이 어렵습니다. 또한 영수증이 없어도 불가능합니다. 그러므로 교환이나 환불을 할 때는 영수증을 반드시 챙겨야 합니다.

① 복잡합니다
② 가능합니다
③ 필요합니다
④ 위험합니다

32

한국은 '배달의 민족'이라고 말할 정도로 음식 배달 문화가 발달하였다. 사실 한국 역사 속에서의 '배달'과 현대의 '음식 배달'은 뜻이 다르다. 역사 속 단군 신화에 나오는 '배달민족'은 밝은 땅의 민족이라는 뜻이다. 그런데 이 '배달민족'이 현대의 '음식 배달 문화의 민족'이라는 뜻으로 쓰이게 된 이유는 한 배달 업체에서 같은 단어이지만 뜻이 다른 두 단어를 재치 있게 '배달의 민족'이라는 문구로 적용하였기 때문이다. 단지 '배달'이라는 같은 글자의 사용만으로도 많은 한국 사람이 그럴듯하다고 (   ).

① 고개를 저었다
② 고개를 숙였다
③ 고개를 끄덕였다
④ 고개를 내밀었다

※ [33~36] 다음을 읽고 글의 내용과 같은 것을 고르시오.

33

한국인은 가장 더운 복날에 삼계탕을 즐겨 먹는다. 더운 날에 왜 뜨거운 삼계탕을 먹을까? 더운 날에는 땀을 많이 흘려 몸이 차가워진다. 그래서 건강이 나빠지는 경우가 많기 때문에 뜨거운 삼계탕을 먹으며 건강을 챙기는 것이다. 이처럼 삼계탕에는 몸을 따뜻하게 하여 건강을 지키고자 하는 한국인의 지혜가 담겨 있다.

① 한국 사람들은 복날에만 삼계탕을 먹는다.

② 삼계탕은 찬 성질의 음식과 같이 먹으면 좋다.

③ 여름에는 땀을 많이 흘려 건강이 나빠질 수 있다.

④ 여름에 삼계탕을 먹을 때에는 건강과 지혜가 필요하다.

34

요즘 현대인들은 편의점 음식을 많이 먹는다. 삼각 김밥이나 도시락, 샌드위치 등의 편의점 음식은 이미 조리가 되어 있어 전자레인지에 30초 정도만 데우면 쉽고, 간편하게 먹을 수 있기 때문이다. 그래서 바쁜 현대인들에게 큰 인기를 얻고 있다. 그리고 편의점은 24시간 문이 열려 있기 때문에 늦은 밤이나 새벽에도 쉽게 음식을 구입할 수 있다.

① 24시간 문을 여는 편의점을 찾기 어렵다.

② 요즘 편의점 음식이 사람들에게 인기가 많다.

③ 편의점에서 구입한 음식은 30초 후에 먹을 수 있다.

④ 편의점에 새벽에 가면 음식을 할인된 가격으로 살 수 있다.

35

> 가장 더운 어제오늘 에어컨이 고장 났습니다. 에어컨 없이 지내려니 밤에 잠도 오지 않고 너무 힘들었습니다. 수리 기사를 불렀지만, 너무 바빠서 일주일 뒤에야 올 수 있다고 합니다. 그래서 오늘은 에어컨이 나오는 도서관에 가려고 합니다.

① 요즘 날씨가 무척 덥습니다.
② 며칠 전에 에어컨을 샀습니다.
③ 일주일 뒤에 도서관으로 갑니다.
④ 오늘 밤에 수리 기사가 오기로 했습니다.

36

> 최근 비타민D가 부족한 환자가 많아졌다. 비타민D는 음식과 햇빛을 통해 몸으로 흡수된다. 따라서 비타민D가 부족한 환자는 일주일에 3~4회, 30분씩 햇빛을 쐬는 것이 좋다. 여름에는 오전 11시 이전과 오후 5시 이후에 20분 정도, 겨울에는 햇빛이 가장 강한 낮 12시쯤 30분 정도 산책만 해도 하루에 필요한 비타민D가 채워진다.

① 비타민D 부족은 빠른 치료가 필요하다.
② 겨울에는 강한 햇빛을 피해 산책을 하는 것이 좋다.
③ 비타민D는 햇빛을 쐬는 것으로 충분히 생성할 수 있다.
④ 여름에는 오전 11시부터 오후 5시 사이에 햇빛을 쐬야 한다.

※ [37-38] 다음을 읽고 질문에 답하시오.

37 아래 글의 중심 내용으로 알맞은 것은?

> 유학생들은 생활 환경의 변화로 스트레스를 많이 받는다고 한다. 그러나 변화는 우리가 살면서 피할 수 없는 것이며, 때로는 새로운 것을 경험할 수 있는 기회가 되기도 한다. 그러므로 변화를 스트레스로만 받아들이기보다 자신의 미래를 위한 과정이라 생각하고 긍정적으로 받아들이는 것이 좋다.

① 우리는 새로운 경험을 해야 한다.

② 변화는 우리에게 스트레스를 준다.

③ 변화를 받아들이려는 태도를 갖는 것이 좋다.

④ 자신의 미래를 생각하는 사람은 과정과 기회도 생각해야 한다.

38 아래 글의 제목으로 알맞은 것은?

> 외국에서는 주로 자신이 가지고 있는 물건이나 인간관계를 나타낼 때 '나의' 또는 '내'라고 표현한다. 그래서 가까운 친구나 가족, 물건을 얘기할 때 '나의 책', '내 친구'라고 말한다. 그런데 한국에서는 가족, 회사, 집 등을 말할 때 '우리'를 사용해서 '우리 가족', '우리 회사', '우리 집'이라고 한다. 한국 사람들은 공동체를 중요하게 생각하기 때문에 '나'보다 '우리'라는 표현을 많이 사용하는 것이다.

① 한국의 '우리' 문화

② '우리 가족' 소개하기

③ '공동체'라는 표현의 의미

④ 인간관계를 나타내는 방법

※ [39–48] 다음 질문에 답하시오.

39 다음 (   )에 들어갈 알맞은 것은?

> 가: 이번 주에는 계속 비가 오네요.
> 나: 요즘 (   )(이)라서 그래요.

① 주말

② 방학

③ 장마철

④ 휴가철

40 다음 (   )에 들어갈 알맞은 것은?

> 가: 썸낭 씨, 어디 가세요?
> 나: 소포를 부치러 (   )에 가요.

① 은행

② 극장

③ 도서관

④ 우체국

41 한국에서 병원 진료 후 약국에서 약을 사기 위하여 보여 주는 것은?

① 영수증

② 처방전

③ 증명서

④ 진료 기록

42 한국 생활에 필요한 생활정보 전화번호 중 <u>틀린</u> 것은?

① 112: 경찰서

② 119: 소방서

③ 1339: 한국관광공사

④ 1345: 외국인종합안내센터

43 다음 중 공동 주택에 속하지 <u>않는</u> 것은?

① 아파트

② 연립 주택

③ 다세대 주택

④ 다가구 주택

44 다음 중 한국의 명절에 하는 것이 <u>아닌</u> 것은?

① 성묘를 한다.

② 차례를 지낸다.

③ 농사를 돕는다.

④ 고향에 내려간다.

45 한국의 면접 문화에 대한 설명으로 맞지 <u>않는</u> 것은?

① 단정한 옷차림을 하고 면접을 보는 것이 좋다.

② 모르는 질문을 했더라도 아는 척을 하는 것이 좋다.

③ 한국의 면접관은 다른 직원들과 어울리는 능력을 중요하게 본다.

④ 면접을 볼 때 업무를 잘 해낼 준비가 되어 있음을 나타내는 것이 좋다.

46 한국의 국민 건강 보험 제도에 대한 설명으로 맞지 <u>않는</u> 것은?

① 소득이나 재산에 상관없이 가입자는 똑같은 보험 서비스를 받는다.

② 높은 병원비로 경제적 부담을 갖게 되는 것을 방지하기 위해 실시한다.

③ 개인이나 가족 단위로 가입하고 국민 모두가 같은 금액의 보험료를 낸다.

④ 한국에 6개월 이상 거주하는 외국인이나 재외동포도 가입 자격을 갖는다.

47 아래 글의 내용과 <u>다른</u> 것은?

> 명당이란 무덤이나 집터 또는 마을의 입지를 정할 때 가장 이상적으로 여겨지는 공간을 말한다. 특히 한국 사람들은 삶의 대부분을 집에서 지내므로 명당 위에 집을 짓기 원한다. 집 뒤에 산이 있고, 집 앞에 물이 흐르면 '배산임수'라고 하여 좋은 위치로 생각했다. 그리고 해가 오래 드는 남쪽으로 집의 방향을 잡거나 대문을 지었다. 그래서 요즘도 집을 구하거나 지을 때 배산임수를 갖추었거나 남향인 집은 인기가 많다.

① 한국 사람들은 무덤이나 집터를 정할 때 좋은 자리를 찾으려고 한다.
② 한국 사람들은 현대에 와서도 남쪽을 향한 집을 좋은 집이라고 생각한다.
③ 한국 사람들은 무덤을 정하거나 집을 짓기 위해 남쪽으로 가기를 원한다.
④ 한국 사람들은 집 뒤에 산이 있고 집 앞에 물이 흐르면 좋다고 생각했다.

48 아래 글의 주제로 알맞은 것은?

> '외모 지상주의'란 인생을 살아가거나 성공하는 과정에서 외모를 제일 중요하게 생각하는 사고방식을 말한다. 이러한 단어가 생겨난 이유는 요즘 사람들이 얼굴이나 옷차림 등 외적인 모습만 보고 사람을 판단하는 경우가 많기 때문이다. 특히, 연예인들이 나오는 텔레비전 프로그램들이 이러한 현상을 부추기고 있다. 사람들은 연예인들의 화려한 모습이 그들의 전부라고 생각한다. 그러나 우리는 외모보다는 상대방의 내면을 먼저 보는 사회 분위기를 조성해야 한다. 겉으로 보이는 모습보다 내면의 모습을 보려고 할 때 외모 지상주의의 문제는 조금씩 해결될 것이다.

① 외모는 성공을 위해 반드시 필요한 것이다.
② 외모로 사람의 능력이나 성격, 인성까지 알 수 있다.
③ 외모 지상주의가 사람들에게 많은 피해를 주고 있다.
④ 외모로 사람을 판단하기보다는 내면을 보려는 노력을 해야 한다.

49

> 가: 온수를 사용하려고 하는데 보일러가 작동을 안 해요.
>
> 나: 전원은 연결이 잘 되어 있나요?
>
> 가: 네, 그런데 경고등이 켜지고 (   ) 물은 안 나와요.
>
> 나: 주소와 전화번호를 알려 주시면 서비스 기사한테 연락드리라고 하겠습니다.

50

> 요즘 (   ) 사람이 많습니다. 자전거를 타면 건강이 좋아질 뿐만 아니라 공기도 깨끗해집니다. 그래서 자동차를 타는 것보다 더 좋습니다. 여러분도 학교나 회사에 갈 때 자전거를 타 보세요.

> 저는 사람들이 제가 만든 음식을 맛있게 먹는 모습을 볼 때 기분이 아주 좋습니다. 그래서 저는 요리사가 되고 싶습니다. 요리사가 되기 위해서는 새로운 음식을 계속 만들어 봐야 합니다. 또 새롭게 개발되는 음식도 찾아보고, 요즘 음식에 대해 공부도 해야 합니다.

01　위의 글을 소리 내어 읽어 보세요.

02　1) 글 쓴 사람은 언제 기분이 좋은가요?

　　2) 요리사가 되려면 어떻게 해야 하나요?

03　1) _____ 씨 나라의 요리 중 특별히 소개하고 싶은 요리가 있으면 말해 보세요.

　　2) 한국 요리 중 가장 좋아하는 요리는 무엇이며, 왜 좋아하는지 말해 보세요.

04　1) 한국에는 명절마다 다양한 전통 놀이를 즐깁니다. 한국의 명절인 설날과 추석에 즐기는 전통 놀이에 대해 아는 대로 말해 보세요.

　　2) _____ 씨 나라에는 어떤 전통 놀이가 있는지 소개해 주세요.

05　1) 한국의 저출산과 고령화로 나타난 변화에 대해 말해 보세요.

　　2) 한국의 저출산과 고령화 문제의 해결 방법에 대해 말해 보세요.

－ 끝, 수고하셨습니다. －

시험 시간 60분(객관식 + 단답형 주관식) | 정답 및 해설 p.214

※ [01-02] 다음을 보고 (　　　　)에 알맞은 것을 고르시오.

01

가: 이 사람들은 뭐 하고 있어요?
나: (　　　　　　　).

① 등산을 해요
② 버스를 타요
③ 축구를 해요
④ 음식을 먹어요

02

저는 라면(　　　　) 김밥을 더 좋아해요.

① 이
② 을
③ 보다
④ 하고

보기

가: 노래 부르는 것을 <u>좋아해요</u>?

나: 아니요, 노래 부르는 것을 (   ).

❶ 싫어해요   ② 미워해요   ③ 사랑해요   ④ 연습해요

03

가: 기차가 비행기보다 <u>빨라요</u>?

나: 아니요, 비행기보다 기차가 (   ).

① 작아요

② 좁아요

③ 멀어요

④ 느려요

04

가: 교실이 <u>깨끗해요</u>?

나: 아니요, 교실이 (   ).

① 넓어요

② 조용해요

③ 더러워요

④ 시끄러워요

※ [05-06] 다음 (   )에 들어갈 가장 알맞은 것을 고르시오.

05

> 가: 우리 집에 고양이가 있어요.
> 나: 우리 집은 강아지 한 (   )이/가 있어요.

① 분
② 장
③ 조각
④ 마리

06

> 가: 밤에는 보통 뭐 하세요?
> 나: 보통 자기 전에 아이들에게 동화책을 (   ).

① 읽어 줘요
② 읽을 거예요
③ 읽고 싶어요
④ 읽으러 가요

07

> 가: 나민 씨, 커피 마실래요? <u>차가운</u> 커피 어때요?
>
> 나: 오늘 날씨가 쌀쌀하니까 저는 (   ) 걸로 마실래요.

① 가벼운

② 어려운

③ 뜨거운

④ 부드러운

08

> 가: 저는 그 의견에 <u>반대하는</u> 입장입니다.
>
> 나: 혹시 이 의견에 (   ) 분 안 계십니까?

① 금지하는

② 찬성하는

③ 걱정하는

④ 거절하는

※ [09-12] 다음 (   )에 들어갈 가장 알맞은 것을 고르시오.

09

식당에서 주는 쿠폰을 잘 모으면 (   )을/를 절약할 수 있습니다.

① 식비
② 의료비
③ 버스비
④ 교육비

10

그는 지하철에서 할머니에게 자리를 (   ).

① 신고했다
② 해결했다
③ 지원했다
④ 양보했다

11

어제 늦게까지 일을 해서 (　　　　　).

① 차가워요

② 유명해요

③ 친절해요

④ 피곤해요

12

이번 휴가는 산(　　　　) 가고 싶어요.

① 께

② 가

③ 에서

④ 으로

> **보기**
>
> 가: 정원이 진짜 예쁘네요.
>
> 나: 네. 어머니께서 정원을 (   ) 가꾸셨어요.
>
> ① 귀엽게   ② 더럽게   ❸ 아름답게   ④ 맛있게

13

> 가: 우산을 갖고 다니기가 번거롭지 않아요?
>
> 나: 네, 갖고 다니기가 너무 (   ) 집에 놓고 오려고요.

① 편해서

② 귀찮아서

③ 어려워서

④ 곤란해서

14

> 가: 마취 없이 하는 수술인데도 고통을 잘 견뎌냈어요.
>
> 나: 정말 대단해요. 어떻게 (   )?

① 지냈어요

② 버텼어요

③ 지루했어요

④ 성공했어요

15

> 가: 웹 사이트(website) 비밀번호를 잊어버렸어요?
>
> 나: 네, 오랫동안 사용을 하지 않아서 그런지 비밀번호를 (　　　　).

① 잊어버릴 거예요

② 잊어버린 척 했어요

③ 잊어버리고 말았어요

④ 잊어버릴 테니까 그랬어요

16

> 가: 어제는 날씨가 너무 (　　　　)?
>
> 나: 네, 그래서 감기에 걸렸어요.

① 춥습니까

② 추웠네요

③ 추울까요

④ 추웠지요

17

가: 나래 씨, 왜 아침을 안 먹었어요?

나: 먹고 싶었지만 시간이 없어서 (   ).

① 먹지 마세요

② 못 먹었어요

③ 먹어 주세요

④ 먹지 않았어요

18

가: 아나이스 씨, 오늘 점심에 김치찌개 먹을래요?

나: 저는 매운 음식을 좋아하지 않아서 (   ).

① 먹지 못해요

② 먹지 마세요

③ 먹지 못할 거예요

④ 먹고 싶지 않아요

19

가: 지수야, 조심히 가고 또 연락하자!

나: 고마워. 미국에 가서도 자주 연락할게. 많이 (   ).

① 보고 싶었어

② 보고 싶어졌어

③ 보고 싶을 거야

④ 보고 싶었던 적이 있어

20

가: 그건 무슨 음식이에요?

나: 이건 불고기예요. 좀 (　　　　). 정말 맛있어요.

① 먹을게요

② 먹었어요

③ 먹어 보세요

④ 먹고 있어요

21

가: 연말 공연은 예매했어요?

나: 그 연말 공연은 (　　　　) 매진됐어요.

① 예매할 테니까

② 예매했기 때문에

③ 예매하는 척하고

④ 예매하기가 무섭게

22

가: 내일 저 이사해요.

나: 그럼 제가 가서 (　　　　) 해 드릴까요?

① 청소라도

② 청소하다

③ 청소보다

④ 청소마다

※ [23-24] 다음 밑줄 친 부분이 **틀린** 것을 고르시오.

23 ① 학교까지 조금 멀지만 <u>걸어 다닐 만해요</u>.

② 제가 <u>청소하느라고</u> 아이들을 좀 봐 주세요.

③ 어머니 생신 선물로 무엇이 <u>좋은지 모르겠어요</u>.

④ 제가 버스 정류장에 <u>도착하자마자</u> 버스가 왔어요.

24 ① 물을 끓이려고 가스 불을 <u>켜 놓았어요</u>.

② 어려운 일이 생기면 <u>언제라도</u> 연락 주세요.

③ <u>사람도 만날 겸 고향 소식도 들을 겸</u> 친구들을 찾아갔어요.

④ 지난주에 친구와 같이 <u>가는 데다가</u> 한국 음식점이 맛있었어요.

※ [25-26] 다음 대화의 (   )에 들어갈 가장 알맞은 것을 고르시오.

25

가: 차 한잔 마실래요?

나: 그렇지 않아도 (   ).

① 마시나 봐요

② 마시게 했어요

③ 마실 줄 몰랐어요

④ 마시려던 참이었어요

26

가: 한국어가 재밌어요?

나: 네, 그렇지만 (   ) 어려워요.

① 배우면서

② 배우든지

③ 배우는 김에

④ 배우면 배울수록

※ [27-28] 다음 밑줄 친 부분이 틀린 것을 고르시오.

27 ① 영아 씨가 얼마나 <u>예쁜지 알아요</u>.

② 커피를 들고 뛰어오다가 다 <u>쏟을 뻔했어요</u>.

③ 열심히 <u>공부하되</u> 집중해서 할 필요가 있다.

④ 버스를 타려고 뛰어갔지만 차를 <u>놓치고 말았어요</u>.

28 ① 리민 씨가 시험을 <u>망쳤나 봐요</u>.

② 너무 피곤해서 <u>씻기조차</u> 귀찮아요.

③ 놀이공원에 <u>가도</u> 롤러코스터를 탔어요.

④ 늦잠을 <u>자는</u> 바람에 학교에 지각했어요.

※ [29-32] 다음을 읽고 (　　　)에 가장 알맞은 것을 고르시오.

29

> 　람흐 씨는 요즘 날씨가 추워서 감기에 걸렸어요. 목이 많이 아파서 생강
> 차를 마시고 있어요. (　　　　　　). 의사 선생님께서는 약을 먹고 푹 쉬
> 라고 했어요. 그래서 람흐 씨는 오늘 출근을 하지 않고 집에서 쉴 거예요.

① 생강차는 감기에 안 좋아요

② 감기가 나아서 병원에 갔어요

③ 생강차를 마셔서 이제 아프지 않아요

④ 그렇지만 계속 아파서 이비인후과에 갔어요

30

> 　최근 다양한 방법으로 환경 보호에 힘쓰는 기업이 많아지고 있다. 한 자
> 동차 회사는 분리수거함에 점수판을 설치해 분리수거를 잘 하면 높은 점수
> 가 나타나도록 하여 (　　　　　　　).

① 쓰레기를 줄이고 있다

② 높은 점수를 받도록 유도하고 있다

③ 회사가 칭찬을 해 줘야 한다고 했다

④ 사람들이 분리수거에 동참하도록 하고 있다

31

스마트폰은 내 손 안의 컴퓨터와 같다. 스마트폰만 있으면 찍은 사진을 보내기도 하고, 내가 듣고 싶은 음악을 들을 수도 있고, 이메일을 주고받을 수도 있다. 그리고 요즘은 스마트폰으로 (   ) 은행 업무를 보기도 쉬워졌다. 이처럼 스마트폰은 우리 생활을 편리하게 만들어 준다.

① 영상 통화를 통해

② 터치스크린을 이용하여

③ 인터넷 뱅킹이 가능하여

④ 정부 사이트에 접속하여

32

속담이란 예부터 사람들 사이에서 전해져 오는 교훈이나 가르침이 담긴 짧은 말이다. 각 나라의 속담에는 그 나라의 (   )이/가 담겨 있는데 한국에는 특히 '말(言)'과 관련된 속담이 많다.

① 성품과 자세

② 유교적 가치관

③ 까다로운 철학

④ 사고방식과 행동양식

※ [33~36] 다음을 읽고 글의 내용과 같은 것을 고르시오.

33

> 우체국에서는 우편 서비스 외에 은행 업무와 보험 업무도 볼 수 있습니다. 우체국의 우편 업무 시간은 오전 9시부터 오후 6시까지이고, 은행 업무는 오전 9시부터 오후 4시까지입니다. 그러나 주말에는 우체국이 문을 닫기 때문에 은행 업무를 보려면 우체국 ATM 기계에서 업무를 봐야 합니다.

① 우편 업무는 9시부터 4시까지입니다.
② 보험 업무는 우체국에서도 볼 수 있습니다.
③ 은행에서도 우편 서비스 업무를 볼 수 있습니다.
④ 우체국과 은행의 금융 업무 시간은 6시까지입니다.

34

> 우리가 먹는 식품이나 사용하는 제품에는 '소비 기한'과 '제조 일자'를 표시하고 있다. 그래서 우리는 제품을 구매할 때, 소비 기한이 지났는지 확인을 한 후에 구매해야 한다. 만약 소비 기한이 지난 제품을 구매했을 경우, 영수증을 가지고 구매한 장소로 가면 교환이나 환불을 받을 수 있다.

① 교환이나 환불은 소비자의 권리이다.
② 소비 기한이 지났어도 제품을 먹을 수 있다.
③ 제품을 교환하면 영수증을 잘 보관해야 한다.
④ 제품을 구매할 때 소비 기한을 확인 후 구매해야 한다.

35

　부모나 형제, 자녀 없이 혼자 사는 사람을 '1인 가구'라고 한다. 요즘 한국에서는 1인 가구가 빠르게 증가하고 있다. 왜냐하면 결혼을 하지 않거나 늦게 하는 사람이 많아졌기 때문이다. 더불어 노인의 수가 증가하는 고령화 현상도 1인 가구 증가의 원인이다. 이렇게 1인 가구가 증가하면서 우리 사회에 크고 작은 변화가 생기고 있는데 이와 관련된 정책도 함께 확대되어야 할 것이다.

① 1인 가구를 위한 서비스가 실시되고 있다.
② 1인 가구를 위한 정책이 확대되어야 할 것이다.
③ 1인 가구 현상 증가로 정책이 축소되어야 할 것이다.
④ 1인 가구의 원인은 저출산과 고령화, 결혼 기피 현상 때문이다.

36

　매년 5월 셋째 월요일은 성년의 날로, 이날은 만 19세가 되는 젊은이들이 성인이 되었음을 알리는 날이다. 성년의 날이 되면 친구들끼리 선물을 주고받으며 서로를 축하하는데, 성인이 된 만큼 성인으로서의 권리와 의무, 책임도 더욱더 갖춰야 할 것이다.

① 모든 젊은이에게 성년의 날은 특별하다.
② 성년의 날은 매년 5월 셋째 주 월요일이다.
③ 성년의 날에 선물을 주고받는 것은 권리이자 의무이다.
④ 성인은 누구나 의무적으로 성년의 날 행사에 참석해야 한다.

※ [37–38] 다음을 읽고 질문에 답하시오.

37　아래 글의 내용과 같은 것은?

Q. 저희 집 변기가 자주 막혀요.

저희 집 변기가 자주 막힙니다. 자주 사용하지 않는데도 일주일에 서너 번 이상 막히는 것 같습니다. 얼마 전 마트에서 사 온 펌프 도구와 세제를 사용해 보았지만 그때뿐이고 하루가 지나면 또 다시 막힙니다. 어떻게 하면 좋을까요?

A. 전문가의 도움을 받으셔야 합니다.

변기가 자주 막혀 스트레스를 많이 받으셨을 것 같습니다. 변기가 막히는 이유는 물의 양이 부족하거나 변기 안에 이물질이 들어가 있기 때문입니다. 그러므로 펌프질이나 세제로는 해결이 어려울 것 같습니다. 이 경우 전문가에게 도움을 받으시면 쉽게 해결할 수 있습니다.

---

① 펌프질을 자주 해서 막힙니다.

② 물의 양이 부족해서 막히는 것이 확실합니다.

③ 전문가의 도움을 받으면 쉽게 해결할 수 있습니다.

④ 펌프 도구와 세제를 이용해 뚫고 나니 더 이상 막히지 않습니다.

38 아래 글의 제목으로 알맞은 것은?

> 누구나 걸릴 수 있는 주요 질병 중에서 암이나 고혈압, 당뇨병 등은 특히 현대인이 많이 걸리는 질병이다. 이 질병들은 잘못된 생활 습관과 밀접한 관련이 있다. 그러므로 질병에 걸리지 않도록 예방하려면 규칙적인 식사와 충분한 물 섭취, 꾸준한 운동 등의 올바른 생활 습관을 실천해야 한다.

① 질병에 대처하는 방법
② 현대인들이 시달리는 질병
③ 식사 습관을 바꿔야 건강해진다.
④ 잘못된 생활 습관이 병을 부른다.

※ [39-48] 다음 질문에 답하시오.

39 다음 (   )에 들어갈 알맞은 것은?

> 대부분의 한국 직장에서는 월요일부터 금요일까지 일하는 (   )을/를 실시하고 있다.

① 시간제
② 반일제
③ 주 5일제
④ 특별근로제

40 다음 (   )에 들어갈 알맞은 것은?

> 가: 나라마다 그 나라를 대표하는 노래가 있지요?
>
> 나: 네, 한국은 (   )(이)라고 하는데 '나라를 사랑하는 마음을 담은 노래'라는 뜻을 지니고 있어요.

① 한글
② 태극기
③ 애국가
④ 만세운동

41 대중교통 이용을 장려하는 제도로 보기 <u>어려운</u> 것은?

① 환승할인제도
② 버스전용차로제도
③ 거주자우선주차제도
④ 지하철도착안내서비스

42 다음 (　　　)에 들어갈 알맞은 것은?

> (　　　)은/는 생활이 어려운 사람들의 생활 수준을 보장해 주고 생활
> 비와 의료비를 지원해 주는 제도이다.

① 4대 보험
② 긴급복지
③ 공동보험
④ 공공부조

43 다음 (　　　)에 들어갈 알맞은 것은?

> 사람과 사람 사이에 무엇을 주고받을지에 대해 약속하는 것을 (　　　)
> (이)라고 한다.

① 계약
② 권리
③ 서명
④ 책임

44 법으로 분쟁을 해결하고 권리를 보호하는 대표적인 방법은?

① 상담
② 검사
③ 약속
④ 소송

45 국가인권위원회의 역할로 옳은 것은?

① 이민자를 위해 독립된 전문 기관이다.

② 국가인권위원회는 소송을 통한 재판을 담당한다.

③ 국민들의 범죄 사건에 대해 수사를 진행하는 곳이다.

④ 인권 침해에 대한 상담, 조사, 구제 역할을 하는 곳이다.

46 한국의 선거에 대한 설명으로 맞지 <u>않는</u> 것은?

① 선거는 국민을 대표할 사람을 직접 뽑는 것을 말한다.

② 만 18세 이상의 국민이면 누구나 대통령 선거에 참여할 수 있다.

③ 비밀 선거는 조건에 관계없이 공평하게 1인 1표씩 투표하는 것이다.

④ 대통령 선거는 5년에 한 번, 국회의원 선거와 지방 선거는 4년에 한 번씩 한다.

47 아래 글의 내용과 같은 것은?

> 매년 보이스 피싱 피해자가 증가하고 있고, 보이스 피싱으로 고통받는 사람도 많아지고 있다. 예전에는 금융 기관이나 경찰, 검찰이라 속이며 입금하게 하였는데 최근에는 SNS나 문자 메시지, 메일로 개인 정보를 알아낸 뒤 피해를 입히는 사례도 급증하고 있다. 이러한 보이스 피싱에 피해를 입지 않으려면 의심되는 문자 메시지나 메일을 받았을 때 함부로 링크를 클릭하지 말고, 인터넷진흥원에서 운영하는 '보호나라' 홈페이지에 접속하여 신고하면 된다. 그럼에도 불구하고 피해를 입었을 때는 사이버 경찰청이나 금융감독원에 곧바로 신고해야 한다.

① 보이스 피싱 피해를 당해도 아무런 보상을 받을 수 없다.

② 사이버 경찰청과 검찰의 노력으로 보이스 피싱이 줄어들고 있다.

③ 최근에는 금융 기관인 척하며 입금시키는 방법이 더 많이 사용된다.

④ 문자 메시지나 메일에 포함된 링크는 함부로 클릭하지 않는 것이 좋다.

48 아래 글의 주제로 알맞은 것은?

> 최근 반려견을 키우는 인구가 증가함과 동시에 반려견에게 물리는 사고도 종종 발생하고 있다. 이는 반려견의 안전관리에 신경을 쓰지 않아 일어나는 사고인데 큰 사고로 이어지는 경우도 꽤 많다. 이러한 물림 사고를 예방하기 위해서는 반려견에게 목줄을 채우고 입마개로 입을 가리는 등 안전관리에 더욱 신경을 써야 한다. 또 반려견 안전관리 의무 강화를 위한 정부의 정책 마련도 시급하다.

① 반려견의 미용관리

② 목줄 착용의 의무화

③ 법과 질서의 중요성

④ 반려견에 대한 철저한 안전관리

※ [49–50] 다음을 읽고 (   )에 가장 알맞은 것을 쓰시오.

49

전자 제품에 문제가 생겼을 때는 (   )으로/로 전화하시면 됩니다. 휴일에도 상담 직원이 친절하게 안내해 드리고 있고 각 지역별로도 있기 때문에 자세히 도움을 드릴 수 있습니다. 참고하시기 바랍니다.

50

한국의 첫 번째 국가인 고조선을 세운 사람은 (   )이다.

한국에서 직장 동료와 함께 결혼식에 간 적이 있습니다. 동료는 축하하는 마음을 담아 봉투에 돈을 넣고 결혼식장 축의금 함에 봉투를 집어 넣었습니다. 동료의 모습을 보고 한국에서 축의금을 주는 의미가 궁금해졌습니다. 그래서 동료에게 축의금을 주는 의미가 무엇인지 물어보자 '축하할 일이나 기쁜 일이 생겼을 때 서로 돕는 한국의 상부상조 문화'라고 하였습니다. 한국의 결혼식 문화를 경험할 수 있어서 정말 좋았습니다.

01 　위의 글을 소리 내어 읽어 보세요.

02 　1) 직장 동료와 함께 어디에 갔습니까?

　　　2) 축의금은 어떤 의미가 있습니까?

03 　1) ＿＿＿＿＿ 씨 나라의 결혼식 문화의 특징에 대해 말해 보세요.

　　　2) ＿＿＿＿＿ 씨는 한국 결혼식에서 축의금을 주는 문화에 대해 어떻게 생각하는지 말해 보세요.

04 　1) 대한민국이 민주주의 국가로 발전하게 된 사건들이 있습니다. 어떤 사건인지 말해 보세요.

　　　2) 대한민국의 권력 분립에 대해 설명해 보세요.

05   1) 대한민국 헌법은 인간이 가져야 하는 기본권을 보장하고 있습니다. 기본권에는 무엇이 있는지 말해 보세요.

2) 대한민국에서는 범죄를 저지른 사람에게 형법을 적용하고 있습니다. 형벌의 종류에 대해 말해 보세요.

– 끝, 수고하셨습니다. –

제 3 편

정답 및 해설

제1회 실전 모의고사 p.23

객관식(01~48번)

01	02	03	04	05	06	07	08	09	10
①	②	④	③	②	②	③	①	①	①
11	12	13	14	15	16	17	18	19	20
①	②	④	③	②	③	②	③	④	④
21	22	23	24	25	26	27	28	29	30
①	③	④	②	③	①	②	②	④	①
31	32	33	34	35	36	37	38	39	40
④	④	①	③	②	③	④	②	①	②
41	42	43	44	45	46	47	48		
②	②	①	①	②	③	②	④		

단답형 주관식(49~50번)

49	한가위
50	적금

01 정답 ①

사진 속의 사람들이 차를 마시고 있으므로 정답은 '차를 마셔요'이다.

图片上的人物在喝茶，所以正确答案是"차를 마셔요(喝茶)"。

02 정답 ②

'에서'는 어떤 상황이 일어나는 장소를 나타내는 조사이다.

表示动作进行的场所的助词是"에서"。

03 정답 ④

'비싸요(비싸다)'의 반대말은 '저렴한(저렴하다)'이다.
① 가벼운(가볍다) ↔ 무거운(무겁다)
② 얇은(얇다) ↔ 두꺼운(두껍다)
③ 깨끗한(깨끗하다) ↔ 더러운(더럽다)

"비싸요(비싸다)"的反义词是"저렴한(저렴하다)"。
④ 비싸다(贵) ↔ 저렴하다(便宜)
① 가볍다(轻) ↔ 무겁다(重)
② 얇다(薄) ↔ 두껍다(厚)
③ 깨끗하다(干净) ↔ 더럽다(脏)

04 정답 ③

'없어요(없다)'의 반대말은 '있어요(있다)'이다.
① · ② 커요(크다) ↔ 작아요(작다)

"없어요(없다)"的反义词是"있어요(있다)"。
③ 없다(没有) ↔ 있다(有)
① · ② 크다(大) ↔ 작다(小)

05 정답 ②

그림과 조각 등의 공간 및 시각의 미를 표현하는 예술을 '미술'이라고 한다.

用作画和雕刻的方式表现空间及视觉美的艺术称之为"미술(美术)"。

06 정답 ②

'-지만'은 앞 문장과 뒤 문장의 내용이 상반될 때 쓰는 연결어미이다.

"-지만"用来连接文章前后相反的内容。

07 정답 ③

'-(으)세요'는 설명, 의문, 명령, 요청의 뜻을 나타내는 종결어미이다. '두 개 주세요.'는 요청, '잠깐만 기다리세요.'는 명령의 뜻을 나타낸다.

"-(으)세요"表示说明，疑问，命令，请求的终结词尾。"두 개 주세요.（请给我两个。）"是请求的语气，"잠깐만 기다리세요.（稍微等一下。）"是命令的语气。

08 정답 ①

'-(으)러 가다'는 목적을 표현하는 종결어미이다.

"-(으)러 가다"是表现目的的终结词尾。

09 정답 ①

덕수궁은 조선의 5대 궁궐 중 하나로 임금이 살던 집 '궁궐'을 의미한다.

德寿宫是朝鲜时代五个宫殿中的其中一个，国王君住的地方是宫阙（궁궐）。

10 정답 ①

물건을 잃어버렸을 때는 '경찰서에 신고했다.'가 알맞다.

신고하다: 규정에 따라 해당 관청에 사실을 말하다.

财物丢失时"경찰서에 신고했다.（去警察局申告了。）"是正确的选择。

신고하다（申告，举报）：根据规定向有关部门陈述实事。

11 정답 ①

사물이 더럽지 않거나 빛깔 등이 흐리지 않고 맑다는 뜻의 형용사 '깨끗해요'가 알맞다.

깨끗하다: 사물이 더럽지 않다.

用来表示物品不脏，没有污染，色泽鲜艳的形容词是"깨끗해요"。

깨끗하다（干净）：不肮脏。

12 정답 ②

정한 시각보다 늦게 온다는 의미인 '지각했어요'가 알맞다.

지각하다: 정한 시각보다 늦게 출근하거나 등교하다.

比约定的时间晚的表达方式是"지각했어요(迟到了)"。

지각하다(迟到): 上学或上班迟到。

13 정답 ④

'쉽지 않다'와 비슷한 말은 '만만하지 않다'이다.

쉽다: 하기에 어렵거나 힘들지 않다.

만만하다: 어려움 없이 쉽게 대하거나 다룰 만하다.

쉽다 ≒ 만만하다

和"쉽지 않다"相似的表达是"만만하지 않다"。

쉽다(简单): 不难或不费力。

만만하다(好欺负): 没有困难，可以轻易对待或处理。

쉽다(简单) ≒ 만만하다(好欺负)

14 정답 ③

'뛰어나다'와 비슷한 말은 '탁월하다'이다.

뛰어나다: 남보다 월등히 훌륭하거나 앞서 있다.

탁월하다: 남보다 두드러지게 뛰어나다.

뛰어나다 ≒ 탁월하다

和"뛰어나다"相似的表达是"탁월하다"。

뛰어나다(出众): 比其他人优秀或是领先。

탁월하다(卓越): 比其他人杰出，超出一般的。

뛰어나다(出众) ≒ 탁월하다(卓越)

15 정답 ②

'-(이)지요?'는 이미 알고 있는 것을 다시 확인하듯이 물을 때 쓰는 종결어미이다.

"-(이)지요?"是对已经知道的实事再次确认的终结词尾。

16 정답 ③

'-(으)ㄹ 것 같다'는 추측을 나타내는
종결어미이다.

"-(으)ㄹ 것 같다"是表达推测的终
结词尾。

비가 오다(下雨)

17 정답 ②

'-아/어/여 주다'는 대상을 위해 앞의
말이 나타내는 행동을 하는 종결어미
이다.

"-아/어/여 주다"是表达为说话的
对象做某事的终结词尾。

가르치다(教)

18 정답 ③

'-(으)ㄹ래(요)?'는 장차 어떤 일을 하
려고 하는 스스로의 의사를 나타내거
나 상대방의 의사를 물을 때 쓰는 종결
어미이다.

"-(으)ㄹ래(요)?"是表达将要做某
事的意愿，或是征求对方意思的终结
词尾。

보다(看)

19 정답 ④

'-(으)시-'의 존댓말 사용으로 보아 상
대방이 말하는 사람보다 나이가 많음
을 알 수 있고, 상대방이 말하는 사람
에게 손자라는 호칭을 사용하였으므로
'할아버지'가 알맞다.

"-(으)시-"是尊称用语，代表句子
的主体的人比说话人年纪大或是其上
级、长辈等，所以"할아버지(爷
爷)"是正确答案。

20 정답 ④

'-(으)ㄹ 거예요'는 앞으로 어떤 행위
를 하겠다는 강한 의지를 나타내거나
추측이나 짐작을 나타낼 때 사용하는
종결어미이다.

"-(으)ㄹ 거예요"是对未来计划的
意志，或是表示推测的终结词尾。

21 정답 ①

명사 뒤에 붙어 예상하기 어려운 극단의 경우까지 포함함을 나타낼 때 사용하는 조사는 '조차'이다. '조차' 뒤에는 주로 부정적인 상황이 온다.

在名词后面加上难以预测的极端情况时使用的调查是"조차"。在"조차"之后，主要会出现消极的情况。

22 정답 ③

동사 뒤에 올 때는 '-나 보다', 형용사 뒤에 올 때는 '-(으)ㄴ/는가 보다'의 형태로 사용하며, 어떤 사실이나 상황을 보고 말하는 사람이 그런 것 같다는 추측을 나타낼 때 사용한다.

动词后面加"-나 보다"，形容词后面加"-(으)ㄴ/는가 보다"使用，用来根据实事来推测其他的动作或状态。

23 정답 ④

'-(으)ㄴ/는 척하다'는 어떤 행동이나 상태를 거짓으로 꾸밈을 나타내는 표현이다. 친구와의 약속을 수첩에 써놓지 않아서 일어난 일이 나와야 하므로 '친구와의 약속을 수첩에 써 놓지 않아서 잊어버렸어요.'라고 쓰는 것이 자연스럽다.

"-(으)ㄴ/는 척하다"表现假装某种行为或动作。和朋友的约定没写在本子上是发生的事实，所以"친구와의 약속을 수첩에 써 놓지 않아서 잊어버렸어요.(和朋友的约定没记到本子上所以忘了。)"的表达更准确。

24 정답 ②

'-(으)ㄹ 뻔하다'는 앞의 행동이나 상황이 일어나지는 않았지만 그렇게 될 가능성이 아주 높다는 것을 나타내는 표현이다. 엄마에게 혼나지 않기 위해 한 일이 나와야 하므로 '게임을 하면 엄마한테 혼날까 봐 공부를 했어요.'라고 쓰는 것이 자연스럽다.

"-(으)ㄹ 뻔하다"用于某一事态发生的可能性非常大，却没有发生的时候。为了不被妈妈训"게임을 하면 엄마한테 혼날까 봐 공부를 했어요.(怕被妈妈训所以学习了。)"的表达更准确。

25 정답 ③

'-(으)ㄴ/는 척하다'는 어떤 행동이나 상태를 거짓으로 꾸밈을 나타내는 표현이다.

못 본 척하다: 보고도 보지 않은 척하다.

"-(으)ㄴ/는 척하다"表现假装某种行动或状态。

못 본 척하다: 假装没看见。

26 정답 ①

'-기 위해서'는 앞의 내용이 뒤의 상황이나 행동이 발생하게 된 목적이나 의도임을 나타내는 연결어미이다.

위하다: 어떤 목적을 이루려고 하다.

"-기 위해서"表示做某事的目的或是意图。

위하다(为了): 为了某种目的

27 정답 ②

'-든지'는 여러 사실 중에 어느 것이 선택되어도 차이가 없음을 나타내는 조사이다. 앞에 오는 말을 가정하거나 인정하지만 뒤에 오는 말에는 관계가 없거나 영향을 끼치지 않아야 하므로 '시험에 떨어져도 너무 실망하지 마세요.'라고 쓰는 것이 자연스럽다.

"-든지"是助词，表示选择、列举，无论哪种选择结果都没有差异。对前面的话表示认可，但对后面的话没有影响，或是没有关系。"시험에 떨어져도 너무 실망하지 마세요.(考试没通过也不要失望。)"的表达更准确。

28 정답 ②

'-길래'는 앞 내용이 뒤 내용의 이유나 원인이 될 때 쓰는 표현이다. 앞 내용인 '연기를 잘하다'와 뒤 내용인 '노래를 잘하다'가 대등하게 나열되기 위해서는 '그 배우는 연기도 잘하고 노래도 잘해요.'라고 쓰는 것이 자연스럽다.

"-길래"是连接尾词，前面的内容是后面内容的理由或是原因。前面内容"연기를 잘하다(演技很好)"和后面的内容"노래를 잘하다(唱歌很好)"是对等罗列的关系，所以"그 배우는 연기도 잘하고 노래도 잘해요.(那个演员演技也很好，唱歌也很好。)"的表达更准确。

29 정답 ④

첫 번째 문장에서 라임 씨는 기타를 좋아한다고 했고, 두 번째 문장에서 주말에 문화 센터에 간다고 했으므로 '라임 씨는 문화 센터에서 기타를 배웁니다.'라고 쓰는 것이 자연스럽다.

第一句是라임喜欢吉他，第二句是周末去文化中心，所以"라임 씨는 문화 센터에서 기타를 배웁니다.(莱茵去文化中心学吉他。)"的表达更准确。

30 정답 ①

점심에는 서울 인사동에서 비빔밥을 먹었고, 식사 후에는 북촌 한옥마을에 갔다는 내용이 나오므로 '매튜 씨는 친구와 함께 서울에 갔습니다.'라고 쓰는 것이 자연스럽다.

后文中表述了中午在首尔吃了拌饭，午餐之后去了北村韩屋村，所以"매튜 씨는 친구와 함께 서울에 갔습니다.(马修和朋友一起去了首尔。)"的表达更准确。

31 정답 ④

'그래서'는 앞 내용이 뒤 내용의 원인이나 근거, 조건 등이 될 때 쓰는 말이다. 식구가 많으면 집이 커야 하지만 식구가 적으면 큰 집이 필요하지 않다고 생각할 수 있다. 따라서 '작은 주택이나 작은 아파트에서 주로 산다.'라고 쓰는 것이 자연스럽다.

"그래서(所以)"前面内容是后面内容的原因、根据或条件。家里人口比较多的话，需要很大的房子，但家里人口比较少的话，不需要太大的房子，所以"작은 주택이나 작은 아파트에서 주로 산다.(主要生活在小的住宅或公寓楼里。)"的表达更准确。

32 정답 ④

미세 먼지에 오래 노출되면 병균을 이겨내는 힘(면역력)이 부족하여 감기, 기관지염, 피부병, 눈병 등 각종 질병에 걸릴 수 있다.

长时间暴露在雾霾环境中会使免疫力下降，较容易患上感冒，支气管炎，皮肤病，眼部疾病等各种疾病。

33 정답 ①

우글 씨는 아침 6시에 일어나 1시간 동안 집 근처 공원에서 운동을 했다.

佑契上6点起床后在家附近的公园运动了一小时。

34 정답 ③

마지막 문장에서 히엔 씨는 아직 한국 생활에 익숙하지 않아서 힘들지만 한국 생활이 즐겁다고 했다.

文章最后一句中提到赫恩虽然因不熟悉韩国生活很累，但是非常享受韩国生活。

35 정답 ②

한국의 봄은 3월부터 5월까지이다. 봄에는 황사가 있어 외출할 때 마스크를 쓰지만 그래도 사람들은 꽃을 보러 간다고 했다.

韩国的春天在3月份到5月份。虽然春天有黄沙，出门要戴口罩，但是人们还是会去赏花。

36 정답 ③

마지막 문장에서 제주도로 여행 뿐 아니라 이사하려는 사람들을 위한 부동산 정보 안내서도 점차 다양해지고 있다고 했다.

文章最后一句提到去济州岛不光是旅行，为要搬到济州岛的人们提供的房产信息指南也越来越多。

37 정답 ④

당뇨병을 예방하기 위해서는 탄수화물이 많이 들어있는 빵, 국수, 초콜릿 등의 섭취를 줄이고, 규칙적인 운동을 해야 한다고 했다.

预防糖尿病需要减少含碳水化合物多的面包，面条，巧克力等食品的摄取，还需要有规律的运动。

38 정답 ②

출근 시간에 지각하지 않는 것과 자신의 업무에 충실하는 것, 직장 동료와 인간관계를 잘 유지하는 것 등 직장 생활을 잘하기 위해 중요한 것이 무엇인지 설명하고 있다.

文章说明了上班时间不迟到，忠于自己的工作，和同事维持好的人际关系等有助于职场生活的方法。

39 정답 ①

불국사는 경주에 있는 문화재이다. 신라시대 불교 예술이 담긴 절로 불국사 안에는 삼층 석탑, 다보탑 등이 있으며 석굴암과 더불어 1995년에 유네스코 세계문화유산으로 지정되었다.

佛国寺是庆州的文化遗产。是新罗时代承载佛教艺术的寺庙。佛国寺里面有三层石塔，多宝塔等建筑，在1995年与石窟庵一同被列入联合国世界遗产名录。

40 정답 ②

한국 사람들은 사람을 만날 때 "안녕하세요."라고 인사한다.

韩国人在见面时打招呼会说"안녕하세요。(你好。)"。

41 정답 ②

서울에서 부산으로 갈 때는 기차나 고속버스를 이용한다.

从首尔去釜山时主要乘坐火车或高速巴士。

42 정답 ②

이사를 한 후 친구나 주변 지인을 집으로 초대하는 것을 '집들이'라고 한다.

搬家之后邀请朋友来家里做客称之为"집들이(乔迁宴)"。

43 정답 ①

대한민국을 상징하는 것으로는 한글, 태극기, 무궁화, 애국가 등이 있다. 지도는 한국의 상징이 아니다.

象征大韩民国的有韩文，太极旗，木槿花，爱国歌。地图不是韩国的象征。

44 정답 ①

한국에서는 식사를 할 때 밥그릇과 국 그릇은 상에 두고 숟가락과 젓가락을 이용해서 먹는다.

在韩国吃饭时，将饭碗和汤碗放在餐桌上，用勺子和筷子吃。

45 정답 ②

전통 시장은 대형 마트보다 주차장이 넓지 않다. 주차장이 넓은 곳은 대형 마트이다.

传统市场的停车场不比大型超市的停车场大，大型超市的停车场更大。

46 정답 ③

한국의 대학 진학률은 OECD 국가 중에서 가장 높다. 한국은 높은 교육열로 인하여 실력이 있는 인재를 많이 키울 수 있었고, 이는 한국이 빠르게 발전할 수 있었던 원동력이었다. 그러나 높은 교육열 때문에 학부모들은 자녀들의 사교육비에 부담을 느끼게 되고, 학생들은 학업 스트레스가 많아지는 등 문제도 생겼다.

韩国的大学升学率在OECD国家中是最高的。韩国因为教育热培养了大量的人才，成为了韩国经济高速增长的原动力。但是教育热有着使父母背负很高的课外辅导费，学生学业压力大等问题。

47 정답 ②

서울-부산은 2시간 18분, 서울-목포는 2시간 10분이 소요되므로, 서울-목포보다 서울-부산 간 소요시간이 더 길다.

首尔—釜山需要2小时18分，首尔—木浦需要2小时10分，所以首尔—木浦的时间比首尔—釜山的时间短。

48 정답 ④

지정된 선거일에 투표할 수 없으면 선거일 4~5일 전에 실시하는 사전투표를 할 수 있다.

不能在指定选举日内投票的话可以在选举日4~5天前进行事前投票。

49 정답 한가위

한국의 명절 중 하나인 추석은 한가위라고 부르기도 한다. 추석은 음력 8월 15일로 조상에게 차례를 지내는데 그해 처음 수확한 햇과일과 햇곡식으로 음식을 준비해서 조상에게 감사하는 마음을 표현한다. 추석에는 조상의 묘를 찾아가 성묘를 하고, 송편을 만들어 먹고, 밤에는 보름달을 보면서 소원을 빌기도 한다.

韩国传统节日中秋节也称之为(한가위)。中秋节是阴历8月15日，这天会为祖先祭祀，用当年新收获的水果和谷物准备食物以表达对祖先的感谢。中秋节时还会去祖先的墓地扫墓，做松饼，晚上还会看着圆月许愿。

50 정답 적금

일정 금액을 일정 기간 동안 금융 기관에 맡기기로 약속하는 것을 적금이라고 한다.

将一定金额在一定时间存放在金融机关的储蓄方式叫做零存整取。

> 나는 높임말 때문에 회사에서 어려움을 겪은 적이 있다. 얼마 전에 취업하여 입사한 회사에는 나보다 나이가 많고 직급이 높은 사람이 많은데 윗사람에게 반말을 해 오해를 받은 적이 있었다. 나는 예의 바르게 행동하고 싶은데 아직 한국어와 한국 문화가 익숙하지 않아 사람들이 자꾸 오해하는 것 같아 걱정이다.

01 위의 글을 소리 내어 읽어 보세요.

　　Tip 발음의 정확성, 띄어 읽기, 유창성, 속도 등에 유의하며 읽습니다.

---

01 **请有声朗读上面文字。**

　　Tip 朗读时请注意发音的准确性，阅读间隔，流畅性及速度。

02 1) 얼마 전 윗사람에게 오해를 받은 이유는 무엇인가요?

　　🔈 반말을 해 오해를 받은 적이 있었습니다.

　　2) 무엇에 익숙하지 않아 자꾸 오해를 받았나요?

　　🔈 한국어와 한국 문화가 익숙하지 않아 오해를 받게 되었습니다.

02 1) **不久前被上级误会的原因是什么？**

　　🔈 因为说半语被上级误会。

　　2) **因为不熟悉什么经常被误会？**

　　🔈 因为不熟悉韩语和韩国文化而经常被误会。

03 1) _____ 씨는 한국의 존댓말 문화로 오해를 받은 적이 없는지 말해 보세요.

　　Tip 한국에서 생활하면서 존댓말 문화로 오해를 받은 경험을 말하면 됩니다.

　　2) _____ 씨 나라에도 한국의 존댓말 사용과 같은 문화가 있는지 말해 보세요.

　　Tip 본인의 나라에 한국의 존댓말 사용과 같은 문화가 있는지 설명하면 됩니다.

03 1) 请说一下你因为韩语敬语而被误会的经历。

> **Tip** 说自己在韩国生活时因为敬语文化而被误会的经历即可。

2) 请说一下本国有没有和韩国敬语文化类似的文化。

> **Tip** 说出你本国和韩国敬语文化类似的文化即可。

04 한국은 국경일에 태극기를 답니다. 국경일은 여러 날이 있는데 그중 한 가지를 말하고, 무슨 의미가 있는지 설명해 보세요.

🔊 국경일에는 3월 1일(삼일절), 7월 17일(제헌절), 8월 15일(광복절), 10월 3일(개천절), 10월 9일(한글날)이 있습니다.

- 삼일절: 대한독립을 위해 목숨을 바친 선열들의 업적을 기리고 3 · 1 독립정신을 계승 · 발전시켜 민족의 단결과 애국심을 높일 수 있는 날
- 제헌절: 자유민주주의를 기본이념으로 한 대한민국 헌법의 제정을 축하하고 그 이념수호를 다짐하며 준법정신을 북돋울 수 있는 날
- 광복절: 잃었던 국권의 회복과 대한민국의 정부 수립을 축하하고 독립정신을 통한 국가 발전을 다짐하는 계기가 되는 날
- 개천절: 홍익인간의 개국이념을 잇고 오랜 역사와 전통을 지닌 문화민족으로서의 자긍심을 높이고 통일의 의지를 세계에 알리며 자손만대의 무궁한 번영을 기원하는 날
- 한글날: 우리 민족사에 가장 빛나는 문화유산인 한글을 만드신 세종대왕의 업적을 널리 알리고, 한글의 우수성과 독창성을 널리 알려 문화민족으로서 국민의 자긍심을 일깨우는 날

04 韩国的国庆日要悬挂太极旗。国庆日有好几天，请说出其中的一天，并说明其意义。

🔊 韩国的国庆日有3月1日（三一节），7月17日（制宪节），8月15日（光复节），10月3日（开天节），10月9日（韩字节）等。

- 三一节：为纪念大韩民国独立而牺牲生命的先烈，宣传及发展独立精神，增强爱国心的纪念日。
- 制宪节：庆祝基于自由民主主义理念的韩国宪法的制定，决心守护这个理念，并鼓舞人们遵从守法精神的日子。

- 光复节: 恢复失去的政权和庆祝大韩民国政府的树立，决心通过独立精神使国家发展的日子。
- 开天节: 继承弘益仁安的建国思想，增强作为具有悠久历史和传统的文化国家的自豪感，向世界宣传统一的意志，并祈求子孙后代永远繁荣昌盛。
- 韩字节: 宣传创造了我国历史上最辉煌的文化遗产韩文的世宗大王的功绩，并通过传播韩文的优秀性和独创性来唤起作为文化民族的民族自豪感的一天。

05 1) 한국은 헌법에 민주주의 국가임을 말하고 있습니다. 헌법 제1장 제1조를 말해 보세요.

🔊 대한민국은 민주공화국입니다. 대한민국의 주권은 국민에게 있고 모든 권력은 국민으로부터 나옵니다.

2) 대한민국은 민주공화국이라고 하는데 '민주공화국'의 의미를 말해 보세요.

🔊 민주공화국이란 국가의 주권이 국민에게 있고 국민이 선출한 대표자가 국가를 통치하는 것을 말합니다. 한국의 헌법 제1조 제1항에서 대한민국은 민주공화국이라고 규정하고 있습니다.

05 1) 韩国的宪法规定韩国是民主主义国家。请说出宪法第一章第一节的内容。

🔊 大韩民国是民主主义共和国。大韩民国的主权在国民手中，所有的权利都来自于国民。

2) **大韩民国是民主主义共和国，请说出"民主共和国"的意义。**

🔊 民主共和国指的是国家的主权在国民手中，由国民选出的代表统治国家。韩国的宪法第一章第一节规定大韩民国是民主共和国。

정답 및 해설

제2회 실전 모의고사 p.49

객관식(01~48번)

01	02	03	04	05	06	07	08	09	10
①	①	②	③	①	①	④	③	②	①
11	12	13	14	15	16	17	18	19	20
④	③	④	④	④	①	①	④	②	③
21	22	23	24	25	26	27	28	29	30
④	③	④	③	①	③	④	②	④	④
31	32	33	34	35	36	37	38	39	40
①	①	③	①	②	④	③	②	③	②
41	42	43	44	45	46	47	48		
④	②	①	④	①	③	④	①		

단답형 주관식(49~50번)

49	(학교)생활기록부
50	가자마자

01 **정답** ①

이사벨은 수업을 듣고 있으므로 정답은 '공부를 해요'이다.

伊莎白在听课，所以正确答案是"공부를 해요(学习)"。

02 **정답** ①

강좌와 비슷한 말로 수업이 있다. 따라서 천연 화장품 만들기 수업을 의미하는 '강좌'가 정답이다.

강좌 ≒ 수업

和"강좌(讲座)"相似的词是"수업(上课)"所以关于制作天然化妆品的课程的正确答案是"강좌(讲座)"。

강좌(讲座) ≒ 수업(上课)

03 **정답** ②

'작겠어요(작다)'의 반대말은 '크겠어요(크다)'이다.

① 예뻐요(예쁘다) ↔ 못생겼어요(못생기다)

③ 적겠어요(적다) ↔ 많겠어요(많다)

"작겠어요(작다)"的反义词是"크겠어요(크다)"。

② 작다(小) ↔ 크다(大)

① 예쁘다(漂亮) ↔ 못생기다(丑)

③ 적다(少) ↔ 많다(多)

04 **정답** ③

'재미있었어요(재미있다)'의 반대말은 '지루했어요(지루하다)'이다.

② 가까웠어요(가깝다) ↔ 멀었어요(멀다)

④ 어려웠어요(어렵다) ↔ 쉬웠어요(쉽다)

"재미있었어요(재미있다)"的反义词是"지루했어요(지루하다)"。

③ 재미있다(有趣) ↔ 지루하다(无聊)

② 가깝다(近) ↔ 멀다(远)

④ 어렵다(难) ↔ 쉽다(易)

05 **정답** ①

공으로 하는 운동에는 '농구, 축구, 야구, 배구' 등이 있다.

球类运动有"篮球，足球，棒球，排球"等运动。

06 정답 ①

좋아하는 음식만 먹지 말고 다른 음식까지 모두 먹어야 한다.

골고루: 빼놓지 않고 이것저것 모두

不要只吃喜欢的食物，要均匀饮食才可以。

골고루(平均): 无轻重多少之分，很均匀。

07 정답 ④

'길어요(길다)'의 반대말은 '짧아요(짧다)'이다.

④ 길다 ↔ 짧다

"길어요(길다)"的反义词是"짧아요(짧다)"。

④ 길다(长) ↔ 짧다(短)

08 정답 ③

'올라갑니까(올라가다)'의 반대말은 '내려가요(내려가다)'이다.

① 와요(오다) ↔ 가요(가다)

② 없어요(없다) ↔ 있어요(있다)

"올라갑니까(올라가다)"的反义词是"내려가요(내려가다)"。

③ 올라가다(爬上) ↔ 내려가다(下到)

① 오다(来) ↔ 가다(去)

② 없다(没有) ↔ 있다(有)

09 정답 ②

아버지가 아프시다는 내용이 나오므로 슬프고 걱정할 때의 감정 형용사인 '우울하다'가 알맞다.

因为有爸爸生病的内容，所以悲伤、担心时的感情用"우울하다(忧郁)"的表达比较合适。

10 정답 ①

'-아/어/여서'는 이유나 근거를 나타내는 연결어미이다.

"-아/어/여서"是用来表示理由的连接词尾。

11 정답 ④

한국인의 사망 원인 중 암의 비율이 가
장 높다는 의미이기 때문에 일정한 공
간이나 비율을 이룬다는 뜻의 '차지하
다'가 알맞다.
차지하다: 일정한 공간이나 비율을 이
루다.

表达韩国人死亡原因中癌症占最高的
比例，保持一定空间或比率的词语时
"차지하다(占据)"的表达比较准
确。
차지하다(占据): 形成一定的空间或
比例。

12 정답 ③

받침이 있는 명사에 서술격 조사 '이다'
를 연결하면 '이에요', 받침이 없는 명
사에 '이다'를 연결하면 '예요'이다.

连接叙述型的助词，体词有收音时接
"이에요"，无收音时接"예요"。

13 정답 ④

'주로'와 비슷한 단어는 '대부분'이다.
대부분: 절반이 훨씬 넘어 전체에 가까
운 수나 양
주로 ≒ 대부분

"주로(主要)"的近义词是"대부분
(大部分)"。
대부분(大部分): 超过一半，将近全
部的数量。
주로(一般，主要) ≒ 대부분(大部
分，主要)

14 정답 ④

'열리다'와 비슷한 단어는 '개최하다'
이다.
열리다: 어떤 일의 중요한 기회나 조건
이 새롭게 마련되다.
열리다 ≒ 개최하다

"열리다"的近义词是"개최하다"。
열리다(开始): 某事开始新的机会或
是条件。
열리다(开始) ≒ 개최하다(举行)

15 정답 ④

'-아/어/여 주다'는 대상을 위해 앞말이 나타내는 행동을 하는 종결어미이다.

"-아/어/여 주다"是为某对象做某事的终结词尾。

16 정답 ①

'-게'는 어떤 상태나 정도를 나타내는 연결어미이다.
싸다: 물건을 사는 데 드는 비용이 적다.

"-게"是表现某种状态或程度的连接词。
싸다(便宜): 购买某物需要较少的费用。

17 정답 ①

'-(으)ㄴ'는 앞의 말이 관형어의 기능을 하게 만들고 현재의 상태를 나타내는 연결어미이다.

"-(으)ㄴ"前面词的定语，表示现在的状态。

18 정답 ④

'만큼'은 앞말과 비슷한 정도나 수준임을 나타내는 조사이다.
기대: 어떤 일이 원하는 대로 이루어지기를 바람

"만큼"是表示和前面词语的相似程度或水准的助词。
기대(期待，期望): 希望某事像期待一样实现。

19 정답 ②

'-(으)ㄹ 거예요'는 앞으로 어떤 행위를 하겠다는 강한 의지나 의사를 나타내거나 추측이나 짐작을 나타낼 때 사용하는 종결어미이다.

"-(으)ㄹ 거예요"表示要做某事的强烈意志，或是表示推测的终结词尾。

20 정답 ③

'-(으)세요'는 설명, 의문, 명령, 요청의 뜻을 나타내는 종결어미이다.

"-(으)세요"是表示说明，疑问，命令，请求的终结词尾。

21 정답 ④

'-고 싶다'는 어떤 행동을 하기를 원하는 마음이 있다는 것을 나타내는 종결 어미이다.

"-고 싶다"表示想做某个行动的终结词尾。

22 정답 ③

'-(으)ㄹ 때'는 어떤 행동이나 상황이 일어나는 동안이나 그 시기 또는 그러한 일이 일어난 경우를 나타내는 표현이다.

"-(으)ㄹ 때"放在时间前面，某时发生的时间或期间。

23 정답 ④

'-네요'는 직접 경험하여 새롭게 알게 된 사실에 대해 감탄을 나타낼 때 쓰는 표현이다. 여름 날씨를 경험했을 때 아주 덥다는 사실을 알게 된 느낌을 표현해야 하기 때문에 '여름이라 그런지 날씨가 아주 <u>덥네요</u>.'라고 쓰는 것이 자연스럽다.

"-네요"是表达直接经历过之后对新得出的事实的感叹词。因为经历过夏天的天气后，知道夏天非常热的事实，所以"여름이라 그런지 날씨가 아주 <u>덥네요</u>.(不知道是不是夏天的原因，真的很热呢。)"的表达比较准确。

24 정답 ③

'-(으)ㄹ 텐데'는 앞말에 대한 강한 추측을 나타내면서 그와 관련되는 내용을 이어 말할 때 쓰는 표현이다. 보고서 때문에 3일 밤을 못 잤다는 의미이므로 '보고서를 <u>써야 해서</u> 3일 밤을 못 잤어요.'라고 쓰는 것이 자연스럽다.

"-(으)ㄹ텐데"表达说话人对前面事实表示强烈的猜测。文中表达因为写报告所以3天没睡觉，所以"보고서를 <u>써야 해서</u> 3일 밤을 못 잤어요.(要写报告所以3天没睡觉。)"的表达更准确。

25 정답 ①

스트레스를 줄인다는 의미의 표현은 '스트레스를 풀다'이다. '-(으)ㄹ 겸 -(으)ㄹ 겸'은 동사 뒤에 붙어 앞의 행동도 하고 뒤의 행동도 한다는 것을 나타내는 표현이다. 운동도 하고 스트레스도 줄이기 위해서 자전거를 탄다는 의미이다.

풀다: 피로나 독기를 없어지게 하다.

减少压力的表达是"스트레스를 풀다(缓解压力)"。"-(으)ㄹ 겸 -(으)ㄹ 겸"放在动词后面，表示前面的行动和后面的行动同时做，有同时的目的。为了运动的同时缓解压力所以骑自行车。

풀다: 缓解疲劳。

26 정답 ③

'-(으)려고 하다'는 어떤 행동을 할 의도나 마음이 있음을 나타내는 종결어미이다.

"-(으)려고 하다"是表达有做某事的意图或心情的终结词尾。

27 정답 ④

'-더니'는 과거에 경험하여 알게 된 사실과 다른 새로운 사실이 있음을 나타내는 연결어미이다. 형용사 '춥다'는 상태를 나타내므로 완료를 의미하는 '-았/었-'이 붙으면 자연스럽지 않다. 따라서 '어제는 날씨가 <u>춥더니</u> 오늘은 따뜻하네요.'라고 쓰는 것이 자연스럽다.

"-더니"是连接过去的经验得出的事实和新的事实的连接语气。要表现形容词"춥다(冷)"的状态，后面接完成时"-았/었-"的形式不自然，所以"어제는 날씨가 <u>춥더니</u> 오늘은 따뜻하네요.(昨天天气冷但是今天挺热的。)"的表达更准确。

28 정답 ②

'-자마자'는 앞의 상황이 일어나고 곧바로 뒤의 상황이 일어남을 나타내는 연결어미이다. 앞의 말이 나타내는 행동이나 상태가 뒤에 오는 말의 원인이나 이유가 됨을 나타내는 '-는 바람에'를 사용하여 '늦게 <u>일어나는 바람에</u> 회사에 지각했어요.'라고 쓰는 것이 자연스럽다.

"-자마자"是前面情况出现后紧接着后面的情况出现的连接词尾。表达前面的行动或状态是后面的原因或理由的是"-는 바람에"，"늦게 <u>일어나는 바람에</u> 회사에 지각했어요.（因为起晚了，所以上班迟到了。）"的表达更准确。

29 정답 ④

'식당에 손님이 많아서, 여전히 줄을 서서 기다리고 있었습니다.' 등의 문장으로 보아 '식당에 손님이 많아서 자리가 없었습니다.'라고 쓰는 것이 자연스럽다.

"식당에 손님이 많아서, 여전히 줄을 서서 기다리고 있었습니다.（餐厅客人很多，人们都在排队等待。）"可以看出"식당에 손님이 많아서 자리가 없었습니다.（餐厅客人很多没有位置。）"的表达比较自然。

30 정답 ④

외국인등록증은 '출입국·외국인청'에서 발급해 준다.

外国人登录证是在"출입국 외국인청（出入境，外国人厅）"办理。

31 정답 ①

한국 사람들은 효와 예절을 중요하게 여겨서 명절에 가족과 친척을 만나러 고향에 가고 조상에게 제사를 지낸다. 설날 아침에는 어른들과 윗사람에게 세배를 하고, 윗사람은 아랫사람에게 덕담을 하며 세뱃돈을 준다. 따라서 '세배를 합니다.'라고 쓰는 것이 자연스럽다.

韩国人很重视孝和礼节，他们在节日时会回到故乡和亲戚家人团聚并祭祀。春节早上向长辈拜年，长辈会送给晚辈吉祥的话。所以 "세배를 합니다.(向长辈拜年。)" 的表达比较自然。

32 정답 ①

앞에서 이사를 가려는 이유로 주변이 시끄럽고 지하철역과 멀기 때문이라고 했기에 빈칸에 가장 어울리는 내용은 '조용한 데다가'이다.

前文中提到搬家的理由是周围很吵，并且距离地铁站较远，所以最适合的答案是 "조용한 데다가(到安静的地方)"。

33 정답 ③

전자 제품을 구입한 후 보증서가 있어야 수리를 받을 수 있기 때문에 보증서를 잘 보관해야 한다.

购买电子产品后需要有保证书才能得到售后，所以需要保管保证书。

34 정답 ①

동지는 1년 중 밤이 가장 길고, 낮이 가장 짧은 날이다.

冬至是一年中夜晚最长，白天最短的一天。

35 정답 ②

'휴일 지킴이 약국'은 사람들이 필요한 약을 구입할 수 있도록 휴일에도 문을 연다.

"휴일 지킴이 약국(休息日运营的药店)" 为方便人们的购买在休息日也正常营业。

36 정답 ④

'어제 친구들에게 된장찌개를 만들어 주었고, 친구들이 먹고 맛있다고 칭찬해 주었습니다.'라고 했기 때문에 '친구들은 제가 만든 된장찌개가 맛있다고 했습니다.'라고 쓰는 것이 자연스럽다.

"어제 친구들에게 된장찌개를 만들어 주었고, 친구들이 먹고 맛있다고 칭찬해 주었습니다.(昨天给朋友们做了大酱汤，朋友们吃了称赞好吃。)"所以 "친구들은 제가 만든 된장찌개가 맛있다고 했습니다.(朋友说我做的大酱汤好吃。)"是正确答案。

37 정답 ③

한국소비자원은 소비자의 어려운 사정을 들어주고 도움을 주며, 소비자의 권리와 이익을 위하여 문제의 원인을 조사하고 개선 방안을 건의하는 기관이다.

韩国消费者院是帮助消费者解决困难，为了保证消费者的权益调查问题原因和提出改善方案的机构。

38 정답 ②

정부는 국민들의 문화 생활을 장려하기 위해 매달 마지막 주 수요일을 '문화가 있는 날'로 지정해 문화 체험, 영화나 공연, 전시 관람 등의 요금을 할인해 주거나 무료로 제공한다.

政府为鼓励国民的文化生活将每月最后一个周三设立为 "문화가 있는 날(有文化的节日)"，为文化体验、电影或公演，艺术展等活动提供优惠或免费服务。

39 정답 ③

추석에는 친척들이 모여 함께 송편을 빚어서 먹는다. 송편을 예쁘게 빚으면 예쁜 자식을 낳는다고 하였다.

中秋节和亲人团聚在一起做松饼吃，据说松饼做的好看的话会生出漂亮的孩子。

40 정답 ②

부모와 자녀의 촌수는 일촌이다.

父母和孩子的寸数是一寸。

41 정답 ④

대중교통 이용을 장려하기 위해 '버스 전용차로제, 버스도착안내서비스, 버스환승할인제도' 등 다양한 정책을 시행하고 있다.

为鼓励利用大众交通实行了"巴士车道专用制度(버스전용차로제)，巴士到达案内制度(버스도착안내서비스)，巴士换乘优惠制度（버스환승할인제도)"等政策。

42 정답 ②

한국에서 볼 수 있는 집의 형태는 단독 주택과 공동 주택으로 나뉜다. 공동 주택은 큰 건물 안에 여러 가구가 독립하여 살 수 있게 지은 주거 형태로 아파트, 오피스텔, 빌라 등이 있다.

韩国住宅形态分为单独住宅和共同住宅。共同住宅是在大建筑里面分为很多个家庭独立的生活，例如公寓楼(아파트)，商务公寓(오피스텔)，联排住宅(빌라)等。

43 정답 ①

설날을 맞이하여 옷이나 신발을 새로 사서 아이들에게 입히는 것을 '설빔'이라고 한다.

春节给孩子们新买的衣服或鞋子叫"설빔"。

44 정답 ④

과거에는 두레나 품앗이처럼 서로 돕거나 의지할 수 있는 상부상조 풍습이 있었다.
상부상조: 서로서로 도움

过去相互帮助互相依靠的相扶相助风俗。
상부상조(相扶相助): 互相帮助。

45 정답 ①

단오에는 수리취떡을 먹는다. 떡국은 설날에 먹는 음식이다.

端午节会吃艾蒿糕(수리취떡)。年糕汤是春节时吃的食物。

46 정답 ③

현재 대한민국은 대통령제 국가로 대통령 직선제와 5년 단임제가 이어지고 있다.

现在大韩民国是总统制，实行直选制度和5年任期制度。

47 정답 ④

금융실명제는 금융 기관과 거래를 할 때 본인의 실명으로 거래해야 하는 제도이다. 자신의 통장 계좌를 다른 사람에게 빌려주거나 다른 사람의 이름을 빌려서 계좌를 만들면 모두 처벌을 받는다.

金融实名制度和金融机关交易时要使用本人实名的制度。将自己的账户借给别人或是借用他人账户的人都会被处罚。

48 정답 ①

'재한외국인처우기본법'을 근거로 다국어 전화 상담 서비스나 사회통합프로그램의 한국어와 한국 문화 교육, 한국 사회 이해 교육, 법률 상담 서비스 등의 다양한 서비스가 지원되고 있다.

在韩国外国人待遇基本法"재한외국인처우기본법"提供多国语言电话商谈，社会统合课程的韩国语及韩国文化教育，韩国社会理解教育，法律商谈等多种服务。

49 정답 (학교)생활기록부

학교 교육에서 학생을 올바르게 알고 지도하기 위하여 참고할 만한 사항을 적은 장부를 (학교)생활기록부라고 한다.

校园教育中为了对学生有正确的认识和指导而记载的可以参考的事项的账簿叫生活记录簿。

50 [정답] 가자마자

'-자마자'는 어떤 사건이나 동작이 일어난 후 바로 뒤이어 다른 동작이 일어남을 나타내는 표현이므로 '피곤해서 집에 가자마자 잤어요.'라고 쓰는 것이 자연스럽다.

"-자마자"表示某种行为发生后，紧接着发生后面的行为。所以"피곤해서 집에 가자마자 잤어요.(因为很累所以一到家就睡觉了。)"的表达更合适。

유네스코 세계유산위원회는 세계의 문화와 자연유산을 지키기 위해 세계적으로 중요한 문화재를 세계문화유산으로 지정하여 보존하고 연구한다. 2019년에는 한국의 서원이 유네스코 세계문화유산에 선정되기도 했다. 한국의 서원은 조선 시대 교육 시설로 성리학에 기반하여 한국 사회의 문화와 전통을 가르치던 시설이다. 현재 한국의 유네스코 세계유산은 16개, 세계기록유산은 18개가 등재되어 있다.

01 위의 글을 소리 내어 읽어 보세요.

Tip 발음의 정확성, 띄어 읽기, 유창성, 속도 등에 유의하며 읽습니다.

01 请有声朗读上面文字。

Tip 朗读时请注意发音的准确性，阅读间隔，流畅性及速度。

02 1) 유네스코 세계유산위원회는 무엇을 하는 곳입니까?

📢 유네스코 세계유산위원회는 세계적으로 중요한 문화재를 세계문화유산으로 지정하여 보존하고 연구하는 곳입니다.

2) 한국의 서원은 어떤 시설인지 이야기해 보세요.

📢 한국의 서원은 조선 시대 교육 시설로 성리학에 기반한 한국 사회의 문화와 전통을 가르치던 곳입니다.

02 1) 联合国世界遗产委员会是什么样的机构？

📢 联合国世界遗产委员会是将重要文化财产指定为世界文化遗产并进行保存和研究的机构。

2) 请说一下韩国的书院是做什么的地方？

📢 韩国的书院是朝鲜王朝时期的教育设施，是以理学为基础教授韩国社会的文化和传统的地方。

03 1) _____ 씨 나라에 세계문화유산으로 등재된 것이 있다면 소개해 보세요.

> **Tip** 본인의 나라에 있는 세계문화유산에 대해 말하면 됩니다.

2) 친구 또는 가족에게 추천하고 싶은 한국의 세계문화유산을 소개해 보세요.

> 🔊 유교 문화유산 중 서울에 있는 종묘가 세계문화유산으로 등재되어 있습니다. 종묘는 조선 시대 역대 왕과 왕비 그리고 나중에 왕으로 받들어 모신 분들의 위패를 모시고 제사를 지낸 사당입니다. 그리고 종묘에서 지내는 제사 의식을 종묘제례라고 부르는데 이 또한 세계무형유산으로 등재되어 있습니다. 종묘의 정전은 어마어마한 크기와 엄숙한 분위기로 아름다우면서 웅장합니다. 만약 서울에 간다면 종묘는 꼭 가 보는 것을 추천합니다.

---

03 1) 请介绍一下你的国家所记载的世界文化遗产。

> **Tip** 说出你每国的世界文化遗产即可。

2) 请介绍一下想向亲戚或朋友推荐的韩国世界文化遗产。

> 🔊 儒教的文化遗产中，首尔的宗庙被列为世界遗产。宗庙是供奉朝鲜王朝及后世国王和王后的牌位并举行祭祀活动的神社。在宗庙举行的祭祀仪式被称为"宗庙祭礼"，也被登录为世界非物质遗产。宗庙正殿规模宏大，气氛庄严，美丽宏伟。如果你去首尔，我绝对推荐参观宗庙。

04 1) 한국은 연고를 중요하게 생각합니다. 연고에는 어떤 것이 있는지 말해 보세요.

> 🔊 연고는 가족이나 친척 등 핏줄로 연결된 혈연, 고향이나 출신 지역에 따라 이어진 지연, 같은 학교를 졸업한 사람들이 서로 인연을 맺는 학연이 있습니다.

2) 향우회가 무엇인지 예를 들어 말해 보세요.

> 🔊 향우회란 같은 지역 출신을 만나 권익을 보호하고 지역 발전에 기여하고자 결성된 조직이며 지역별로 호남 향우회, 영남 향우회, 충청 향우회 등이 있습니다.

04 1) 韩国人认为亲缘(裙带关系)很重要。请说一下亲缘(裙带关系)有哪几种。

🔊 亲缘(裙带关系)有家人和亲戚等通过血统连接的血缘，故乡或出生地区相同的地缘，还有相同学校毕业的人结为学缘等。

2) 乡友会是什么你举个例子。

🔊 乡友会是出身于相同地区的人会面，保护他们的权益，并为地区发展作出贡献而成立的组织。大韩民国根据地区分为湖南乡友会，岭南乡友会，忠清乡友会等。

05 한국에는 많은 명소와 축제가 있습니다.

1) 수도권의 명소 중 가본 곳이 있으면 어떤 곳인지 소개해 보세요.

🔊 수도권의 명소에는 청와대, 경복궁, 종묘, 인천 차이나타운, 수원 화성 등이 있습니다. 그중 청와대는 대통령이 집무를 보며 거주하던 곳으로 현재는 국민에게 개방되어 있습니다.

2) 수도권의 축제 중 참여해 본 적이 있거나 유명한 축제가 있다면 소개해 보세요.

🔊 수도권에는 서울 빛초롱축제, 이천 도자기축제, 강화 고려인삼축제, 고양 국제꽃박람회 등이 있습니다. 이 중에서 고양 국제꽃박람회는 경기도 고양시에서 열리는 축제로 매년 봄에 열리는 국내 최대 규모의 꽃 축제입니다.

05 韩国有很多名胜和庆典。

1) 如果去过首都圈的名胜, 请介绍一下该名胜。

🔊 位于首都圈的名胜有青瓦台，景福宫，宗庙，仁川唐人街，水原华城等。其中青瓦台曾经是总统办公和居住的地方，现在对国民开放。

2) 请介绍一下你参加过的或是有名气的首都圈的庆典。

🔊 首都圈有首尔光灯笼庆典，利川陶瓷器庆典，江华高丽人参庆典，高阳国际花卉博览会等。其中高阳国际花卉博览会是在京畿道高阳市举办的庆典，是每年春天开办的韩国国内最大规模的花卉庆典。

제3회 정답 및 해설

제3회 실전 모의고사 p.74

객관식(01~48번)

01	02	03	04	05	06	07	08	09	10
②	④	①	③	④	③	②	①	①	③
11	12	13	14	15	16	17	18	19	20
②	④	③	①	③	②	②	①	②	③
21	22	23	24	25	26	27	28	29	30
①	③	④	①	②	③	②	①	④	③
31	32	33	34	35	36	37	38	39	40
②	①	②	④	②	③	①	④	③	②
41	42	43	44	45	46	47	48		
②	④	③	③	③	②	②	④		

단답형 주관식(49~50번)

49	공공장소
50	만들면

01 정답 ②

사진 속 여자는 수영을 하고 있으므로 정답은 '수영해요'이다.

照片中的女人在游泳，所以正确答案是"수영해요(游泳)"。

02 정답 ④

'하고'는 어떤 일을 함께 하는 대상임을 나타내거나 사람이나 물건을 나열할 때 쓰는 조사이다.

"하고(和)"表示和某人一起做某事，或是罗列事物时用的助词。

03 정답 ①

'이겼나요(이기다)'의 반대말은 '졌어요(지다)'이다.
① 이기다 ↔ 지다

"이겼나요(이기다)"的反义词是"졌어요(지다)"。
① 이기다(赢) ↔ 지다(输)

04 정답 ③

'무거워요(무겁다)'의 반대말은 '가벼워요(가볍다)'이다.
① 좋아요(좋다) ↔ 싫어요(싫다)
② 많아요(많다) ↔ 적어요(적다)
④ 깨끗해요(깨끗하다) ↔ 더러워요(더럽다)

"무거워요(무겁다)"的反义词是"가벼워요(가볍다)"。
③ 무겁다(重) ↔ 가볍다(轻)
① 좋다(喜欢) ↔ 싫다(不喜欢)
② 많다(多) ↔ 적다(少)
④ 깨끗하다(干净) ↔ 더럽다(脏)

05 정답 ④

공부를 하는 장소는 '도서관'이다.

学习的场所是"도서관(图书馆)"。

06 정답 ③

'-고 싶다'는 어떤 행동을 하기 원함을 나타낼 때 사용하는 종결어미이다.

"-고 싶다"是表示想做某事的终结词尾。
찍다(拍摄)

07 정답 ②

‘어두워요(어둡다)’의 반대말은 ‘밝아요
(밝다)’이다.
① 추워요(춥다) ↔ 더워요(덥다)
③ · ④ 맑아요(맑다) ↔ 흐려요(흐리다)

“어두워요(어둡다)”的反义词是“밝
아요(밝다)”。
② 어둡다(黑暗) ↔ 밝다(明亮)
① 춥다(冷) ↔ 덥다(热)
③ · ④ 맑다(晴朗) ↔ 흐리다(阴沉)

08 정답 ①

‘충분했어요(충분하다)’의 반대말은 ‘부
족했어요(부족하다)’이다.
② 어려웠어요(어렵다) ↔ 쉬웠어요
(쉽다)
③ 나빠졌어요(나쁘다) ↔ 좋아졌어요
(좋다)

“충분했어요(충분하다)”的反义词是
“부족했어요(부족하다)”。
① 충분하다(充分) ↔ 부족하다(不
足)
② 어렵다(难) ↔ 쉽다(简单)
③ 나쁘다(坏) ↔ 좋다(好)

09 정답 ①

차를 사기 위해서 열심히 돈을 모았다
는 의미이므로 ‘저축’이 알맞다.
드디어: 오랜 기다림 끝에 그 결과로

为了买车努力存钱，所以是“저축
(储蓄)”
드디어(终于): 等很久之后等到的结
果。

10 정답 ③

‘-(으)려면’은 앞으로 어떤 일이 이루
어지기 위한 조건을 나타내는 연결어
미이다.
취직하다: 직업을 얻어 직장에 나가다.

“-(으)려면”表示要实现前面的事情
的条件的连接词尾。表示意图，目
的。
취직하다(就业): 得到一份工作。

11 정답 ②

'-았/었더니'는 과거의 사실이나 상황에 이어서 다른 사실이나 상황이 일어남을 나타내는 연결어미이다.

"-았/었더니"通过过去的实事或状况，发生后面的实事的连接词尾。

12 정답 ④

통장에 돈이 얼마 남지 않았으니, 마구 쓰지 말고 아껴 쓰라는 의미인 '절약'이 알맞다.

낭비하다: 재물이나 시간 따위를 아껴 쓰지 않고 마구 쓰다.

절약하다: 꼭 필요한 데만 써서 아끼다.

账户里没有多少钱了，节省一点花的时候用"절약"。

낭비하다(浪费)：对财物和时间不节省随意使用。

절약하다(节省)：一定需要时才使用。

13 정답 ③

'바꾸다'와 비슷한 말은 '변경하다'이다.

변경하다: 다르게 바꾸어 새롭게 고치다.

바꾸다 ≒ 변경하다

"바꾸다"的近义词是"변경하다"。

변경하다(变更)：变成其他的或者更新。

바꾸다(换) ≒ 변경하다(变更)

14 정답 ①

'-겠-'은 미래의 일이나 말하는 사람의 의지 또는 가능성이나 능력을 나타내는 어미이며, '가다'와 비슷한 말은 '방문하다'이다.

방문하다: 어디를 찾아가다. 사람을 찾아가 만나다.

가다 ≒ 방문하다

"-겠-"是对未来的事表示决心或是意志，或表示可能性和能力。与"가다"相似的词是"방문하다"。

방문하다(访问)：去某地或见某人。

가다(赴) ≒ 방문하다(访问)

15 정답 ③

'-(으)ㄹ 수 있다/없다'는 어떤 행동을 하거나 어떠한 상태가 되는 것이 가능하다(또는 불가능하다)는 것을 나타내는 종결어미이다. 또 '못'은 행동을 할 능력이 없거나 가능성이 없을 때 사용하는 부사이다.

"-(으)ㄹ 수 있다/없다"表示某种行动或是某种状态出现的可能性(或是不可能)。"못"是没有能力做某事或某事不可能时用的副词。

16 정답 ②

'-고'는 여러 가지를 나열할 때 사용하는 연결어미이다.

"-고"是罗列事务的连接词尾。

17 정답 ②

'-(으)ㄴ'은 동사나 형용사 뒤에 붙어 뒤에 오는 명사를 꾸미고, 명사의 특징이나 상태를 나타낸다.
친하다: 다른 사람과 사귀어 가깝다.

"-(으)ㄴ"接在动词或形容词后面，表达名词的特征和状态。
친하다(亲近)：和其他人关系比较近。

18 정답 ①

'-도록'은 뒤에 나오는 행동의 목적을 나타내는 연결어미이다.
낫다: 치유가 되어 없어지다.

"-도록"是表达后面行动的目的的连接词尾。
낫다(痊愈)：已经治愈，病消失了。

19 정답 ②

'-겠-'은 완곡하게 부탁하는 태도를 나타내는 어미이다.
주다: 물건을 다른 사람에게 건네어 가지게 하다.

'-겠-"是表示委婉请求的态度时使用的后缀。
주다(给)：将某物交给某人。

20 정답 ③

'-다시피'는 듣는 사람이 이미 알고 있는 것과 같은 내용임을 나타내는 연결 어미이다. 듣는 사람에게 비가 와도 행사를 진행한다고 안내를 했고, 안내대로 행사가 진행된다는 의미이므로 '알려드렸다시피'를 쓰는 것이 자연스럽다.
알리다: 전하여 알게 하다.

"-다시피"表示重复听的人已经知道的内容时使用的连接词尾。听的人已经收到下雨活动也进行的通知，并且活动按通知的内容进行，所以"알려드렸다시피(如通知的那样)"的表达比较准确。
알리다(通知)：传达给某人，让他知道。

21 정답 ①

'-(으)ㄴ데'는 뒤에 나오는 말을 하기 위하여 그 대상과 관련이 있는 상황을 미리 말할 때 사용한다.

"-(으)ㄴ데"为了说出接下来的内容而预先说出与主题相关的情况。

22 정답 ③

'-(으)ㄹ 정도로'는 정말 어떠한 상황이나 상태인 것은 아니지만 그와 비슷한 수준이라는 것을 강하게 말할 때 쓰는 표현이다. 수지 씨가 한국말을 잘하는 정도가 한국 사람이 한국말을 하는 수준과 비슷하다는 의미이므로 '한국 사람이라고 해도 믿을 정도로'라고 쓰는 것이 자연스럽다.

"-(으)ㄹ 정도로"表示不是真的处于某种情况或状态，而是用于强烈表示处于相似状态的表达方式。秀智的韩语好到和韩国人说话差不多的程度，所以"한국 사람이라고 해도 믿을 정도로(说是韩国人也信任的程度)"的表达比较准确。

23 정답 ④

다른 방법이나 가능성이 없음을 나타내는 의미로 '머리가 너무 아파서 조퇴를 할 수밖에 없었어요.'라고 쓰는 것이 자연스럽다.

用来表达没有其他的办法或是可能性，"머리가 아파서 조퇴를 할 수밖에 없었어요.(头很疼，没办法只能早退。)"的表达比较准确。

24 정답 ①

'-느라고'는 앞 내용이 뒤 내용의 목적이나 원인이 됨을 나타내는 연결어미이다. 이유나 근거의 표현이 나와야 하므로 '제가 바빠서 다음에 통화해요.'라고 쓰는 것이 자연스럽다.

"-느라고"是前面内容是后面内容的目的或原因时的表达方式。前文要出现理由或是根据所以"제가 바빠서 다음에 통화해요.(我很忙所以下次通话吧。)"的表达比较准确。

25 정답 ②

'-(으)ㄴ/는 채로'는 어떤 행동을 한 상태 그대로 다른 상황이나 상태가 됨을 나타내는 표현이다.

"-(으)ㄴ/는 채로"做某种行为时维持原状发展成其他状态。

26 정답 ③

'-았/었/했던'은 지난 일을 다시 생각하는 뜻으로 뒤에 오는 명사를 수식한다.

"-았/었/했던"表示想起过去的某件事，修饰后面的名词。

27 정답 ②

'가리키다'는 어떤 사람이나 사물 중에서 특별한 대상으로 정하거나 목표로 삼는다는 뜻을 가진 단어이다. 따라서 배우게 하거나 알도록 하다는 의미의 '가르치다'를 사용하여 '저는 학교에서 영어를 가르쳤어요.'라고 쓰는 것이 자연스럽다.

"가리키다"是指某人或某物是特别的对象，指定的目标。而学习或教书的表达是"가르치다"，所以"저는 학교에서 영어를 가르쳤어요.(我在学校教过英语。)"是准确的表达。

28 정답 ①

'-(으)니까'는 어떤 일의 이유나 원인을 말할 때 사용하는 연결어미이다. '한국어는 배울수록 점점 어려워져요.'라고 쓰는 것이 자연스럽다.

"-(으)니까"是表示某事的理由或原因时的连接词尾。"한국어는 배울수록 점점 어려워져요.(韩语越学越难。)"的表达比较准确。

29 정답 ④

'-(으)면'은 앞 내용이 뒤 내용의 조건
이나 가정이 될 때 사용하는 연결어미
이다. 일이 많으면 일을 더 한다는 의
미가 와야 하므로 '밤에도 일을 합니
다.'라고 쓰는 것이 자연스럽다.

"-(으)면"是表示前文是后文内容
的条件或假设时使用的连接词尾。文
中要表达事情多的话要需要更多时间
去做，所以"밤에도 일을 합니다.(晚
上也要做工作。)"的表达比较准
确。

30 정답 ③

첫 문장에서 '저(나)'는 노래 부르는 것
을 좋아한다고 했으므로 가수들의 노
래를 들으면서 '큰소리로 따라 부릅니
다.'라고 쓰는 것이 자연스럽다.

第一句话中提到"我"喜欢唱歌所以
听到歌手唱的歌就"큰 소리로 따라
부릅니다.(大声跟着唱。)"的表达比
较准确。

31 정답 ②

동대문시장은 외국인들도 알 정도로
크고, 옷과 액세서리가 많다는 내용이
다. 어떠하기로 잘 알려져 알고 있는
사람이 많다는 의미의 '유명하다'라고
쓰는 것이 자연스럽다.

东大门市场非常出名，外国人也都知
道，衣服和饰品很多的内容。表示知
道某事物的人很多，很出名时用"유
명하다(出名)"的表达比较自然。

32 정답 ①

'-(으)ㄹ 때'는 어떤 행위나 상황이 일
어난 순간이나 동안을 나타내는 연결
어미이다. 한국의 버스에 대해 설명하
고 있으며, 한국에서는 버스를 탈 때
버스 요금을 낸다.

"-(으)ㄹ 때"指某种行为或状况出
现的瞬间或期间。文中对巴士做了说
明，在韩国乘巴士时要交费。

33 정답 ②

한글은 14개의 자음과 10개의 모음으로 되어 있으므로 총 24개의 문자로 되어 있다는 것을 알 수 있다.

韩字有14个子音和10个母音，共24个音节构成。

34 정답 ④

정보통신기술의 발달로 다른 사람과 연락하는 수단이 이메일, 문자 메시지, SNS 등으로 다양해졌다.

随着通信技术的发达，和他人交流的方式有电子邮件，短信，SNS等多种手段。

35 정답 ②

사람들이 사는 곳에서는 크고 작은 갈등과 다툼이 생기기 마련이다.
갈등: 서로 이해관계가 달라 대립하거나 충돌을 일으킴
다툼: 의견이나 이해가 달라 서로 싸움

人们的生活中会出现或大或小的矛盾和争吵。
갈등(矛盾)：利益关系相互对立产生的冲突。
다툼（争吵）：意见或理解不同而吵架。

36 정답 ③

국제 사회의 원조를 받아 빠르게 성장한 한국은 2019년 경제협력개발기구 (OECD)의 개발원조회의(DAC)에 가입하여, 원조를 받다가 원조를 하게 된 세계 최초의 국가라는 평가를 받고 있다.

接受国际社会援助而快速成长的韩国在2019年加入经济合作与发展组织（OECD）的开发援助会议（DAC），被评为世界第一个由援助接受国到援助他国的国家。

37 정답 ①

일을 할 때 맡은 일을 중요하게 생각하여 최선을 다하는 사람을 설명할 때 '책임감이 강하다.'라고 한다. 그리고 어려운 사람을 보면 돕고 싶어 하는 마음이 쉽게 생기는 사람을 설명할 때는 '동정심이 많다.'라고 한다.

描述一个人重视他所接受的工作，并在工作中尽力而为时，就说他有很强的责任感"책임감이 강하다.(责任心强。)"。形容看到困难的人有帮助他的想法的人用"동정심이 많다.(有同情心。)"。

38 정답 ④

친구들과 함께 한 템플스테이 체험에 대해 이야기하고 있다.

和朋友一起谈论寺庙探访的经历。

39 정답 ③

한국에서 제일 큰 섬은 '제주도'이다.

韩国最大的岛屿是"제주도(济州岛)"。

40 정답 ②

부모님 댁에 다녀오려는 이유는 어버이날이기 때문이다.
어버이날: 부모님 은혜를 자주 생각하자는 뜻으로 만들어진 날

去父母家的理由是因为父母节。
어버이날(父母节): 为了让人们经常记住父母的恩惠而设立的节日。

41 정답 ②

한국의 고등학교 교육 기간은 3년이다.

韩国的高中是三年制。

42 정답 ④

동지는 1년 중 밤이 가장 길고 낮이 가장 짧은 날이며, 이날 먹는 대표적인 음식은 '팥죽'이다.

冬至是一年中最短的一天，这天吃的代表性饮食是"팥죽(红豆粥)"。

43 정답 ③

대한민국이 일본의 식민지에 벗어나 대한민국 정부를 수립한 것을 축하하는 날은 '광복절'이다.

庆祝大韩民国摆脱日本的殖民，建立独立政权的日子是"광복절（光复节）"。

44 정답 ③

한국에서는 약국이 문을 닫은 야간이나 휴일에도 약을 구입할 수 있도록 편의점에서 해열제, 진통제, 소화제, 감기약, 파스 등을 판다.

在韩国夜晚或周末等药店不营业的时间也可以在便利店购买退烧药，止痛药，消化药，感冒药和膏药。

45 정답 ③

한국에는 '어려울 때는 먼 친척보다 가까운 이웃이 낫다.'라는 속담이 있다. 가족인 친척보다 남인 이웃사촌이 더 잘 보살펴 주고, 도와주는 일이 많다는 뜻이다. 그런데 현대에는 이웃과 굳이 교류하지 않아도 된다고 생각하는 사람이 많아졌다. 그래서 이웃과 인사 이상의 교류를 나누지 않는 경향이 더욱 뚜렷해지고 있다.

이웃사촌: 남이지만 서로 이웃에 살면서 다정하게 지내 사촌과 같이 가까워진 이웃

在韩国有"어려울 때는 먼 친척보다 가까운 이웃이 낫다.（远亲不如近邻。）"的谚语。和亲戚相比邻居更能互相照顾和互相帮助。但是现代觉得不用和邻居交流的人越来越多。所以和邻居除了打招呼以外没有交流的倾向越来越明显。

이웃사촌（远亲不如近邻）：虽然是外人，但是互相照顾，比表兄妹还亲近。

46 정답 ②

한국에서 축하하는 뜻을 나타내기 위해 내는 축의금은 흰 봉투에 넣어 낸다.

축의금: 축하하는 뜻으로 내는 돈

조의금: 다른 사람의 죽음을 슬퍼하는 뜻으로 내는 돈

在韩国为祝贺而送的礼金放在白色信封里。

축의금(贺金): 为祝贺而送的礼金。

조의금(奠仪): 为逝者表达伤心之情的礼金。

47 정답 ②

안전 안내 문자와 긴급 재난 문자는 공익을 목적으로 하는 서비스이기 때문에 요금이 부과되지 않는다.

安全信息和紧急灾难信息是公益性目的的服务所以不收费。

48 정답 ④

중앙정부가 각 지역의 문제를 모두 해결해 주기 어렵기 때문에 지역의 요구를 지역에서 해결할 수 있도록 '지방자치제'라는 제도를 만들어 지방자치단체가 그 기능과 역할을 수행하고 있다.

中央政府解决所有地区的问题比较困难，所以指定了各地区根据各自的问题指定解决方案的制度"지방자치제(地方自治制)"。

49 정답 **공공장소**

공공장소란 병원, 학교, 지하철역처럼 여러 사람이나 여러 단체가 함께 이용하는 곳을 말한다.

公共场所指的是医院，学校，地铁等很多人或很多团体一起使用的场所。

50 정답 **만들면**

'-(으)면'은 앞 내용이 뒤 내용의 조건이나 가정이 될 때 사용되는 연결어미이다. 멤버십 카드를 만들었을 때 받을 수 있는 혜택을 물어보고 있다. 멤버십 카드가 있으면 구매 금액의 2%를 적립할 수 있다.

"-(으)면"是表示前文是后文内容的条件或假设时使用的连接词尾。文中在问办会员卡的优惠。办理会员卡后会给购买金额2%的积分。

지역 주민이 스스로 자기 지역의 대표자를 뽑아서 지역의 정치를 담당하도록 하는 것을 '지방자치제'라 한다. 정부에서 각 지역의 요구를 모두 처리하기 어렵기 때문에 지방자치단체장이 지역의 일을 해결하고 있다. 외국인도 영주자격을 얻은 후 3년이 지나면 지역의 대표를 뽑는 선거에 참여할 수 있으며 지역 정치에 참여할 수 있다.

01 위의 글을 소리 내어 읽어 보세요.

Tip 발음의 정확성, 띄어 읽기, 유창성, 속도 등에 유의하며 읽습니다.

01 请有声朗读上面文字。

Tip 朗读时请注意发音的准确性，阅读间隔，流畅性及速度。

02 1) 지방자치제란 무엇인가요?

📢 지역 주민이 스스로 자기 지역의 대표자를 뽑아서 지역의 정치를 담당하도록 하는 것을 지방자치제라 합니다.

2) 지방자치단체장에게 지역의 일을 해결하도록 하는 이유는 무엇인가요?

📢 정부가 각 지역의 요구를 모두 처리하기 어렵기 때문에 지방자치단체장에게 지역의 일을 맡겨 해결하도록 하고 있습니다.

02 1) 地方自治制度是指什么?

📢 地方自治制度是当地居民选举自己所在地区的代表负责当地政治的制度。

2) 让地方自治团体团长解决问题的理由是什么?

📢 政府很难处理每个地区的所有要求所以委任地方自治团体团长来解决当地问题。

03 1) _____ 씨 나라에도 지방자치제가 있는지 말해 보세요.

Tip 본인 나라의 지방자치제에 대한 설명을 해야 합니다.

2) _____ 씨 나라에서 지역의 대표를 뽑는 방법에 대해 말해 보세요.

🔊 _____ 년에 한 번 지역의 대표를 뽑는 _____ 선거가 있으며 지역의

대표는 재임할 수 있습니다/없습니다.

---

03 1) 请说一下你的国家是否也有地方自治制度。

Tip 说出你母国的地方自治制度即可。

2) 请介绍一下你母国的选举地方代表的方法。

🔊 我们有（　）年一次的选举地方代表的（　）选举，地区代表能/不能连

任。

---

04 1) 대한민국 불교와 유교 문화유산에는 어떤 것이 있는지 말해 보세요.

🔊 불교의 문화유산은 경주에 있는 불국사, 다보탑, 석굴암 등이 있습니다.

🔊 유교의 문화유산은 서원이 있으며, 서원은 성리학을 교육하던 장소입니다.

2) _____ 씨 나라의 문화유산에는 어떤 것이 있는지 말해 보세요.

🔊 우리나라의 문화유산에는 _____이/가 있습니다.

---

04 1) 请说出大韩民国有哪些关于佛教和儒教的文化遗产。

🔊 佛教的文化遗产有位于庆州的佛国寺，多宝塔，石窟庵等。

🔊 儒教的文化遗产有书院，书院是教授理学的场所。

2) 请介绍一下你的国家所记载的世界文化遗产。

🔊 我们国家的文化遗产有（　）。

05 1) 한국에는 어떤 대중문화가 있는지 말해 보세요.

🔊 한국의 대중문화는 드라마, 영화, 노래(K-POP), 스포츠 등이 있습니다.

2) 한국의 '방' 문화를 즐겨 보셨나요? 어떤 방 문화가 있는지 말해 보세요.

🔊 한국의 방 문화의 종류로 노래방, PC방, 만화방 등이 있습니다. 그중에서 저는 게임하는 것을 좋아해 PC방을 자주 갑니다. 한국의 PC방은 음식을 주문하여 먹을 수 있는 점이 신기했습니다.

---

05 1) 请说出韩国有哪些大众文化。

🔊 韩国的大众文化有电视剧，电影，音乐(K-POP)，体育等。

2) 你享受过韩国的“房”文化吗？请介绍一下都有哪些房文化。

🔊 韩国的房文化有练歌房，网吧(PC房)，漫画房等。这些中由于我喜欢打游戏，所以经常去网吧(PC房)。韩国的网吧(PC房)可以点食物吃这一点很新鲜。

제4회 실전 모의고사 p.99

객관식(01~48번)

01	02	03	04	05	06	07	08	09	10
①	③	④	②	①	③	②	④	①	④
11	12	13	14	15	16	17	18	19	20
④	③	②	③	④	④	③	④	④	③
21	22	23	24	25	26	27	28	29	30
②	①	①	④	②	①	④	③	①	④
31	32	33	34	35	36	37	38	39	40
②	③	③	②	①	③	③	①	③	④
41	42	43	44	45	46	47	48		
②	③	④	③	②	③	③	④		

단답형 주관식(49~50번)

49	따뜻한
50	자전거를 타는

01 정답 ①

사진 속의 사람은 옷 가게에서 계산을 하고 있으므로 정답은 '옷을 사요'이다.

图片中的女人在服装店结账，所以正确答案是"옷을 사요(买衣服)"。

02 정답 ③

'(으)로'는 교통수단을 말할 때와 움직임의 방향을 나타낼 때 사용하는 조사이다.

交通手段和要移动到的方向时使用的助词是"(으)로"。

03 정답 ④

'멀어요(멀다)'의 반대말은 '가까워요(가깝다)'이다.
① 좋아요(좋다) ↔ 싫어요(싫다)
② 좁아요(좁다) ↔ 넓어요(넓다)
③ 길어요(길다) ↔ 짧아요(짧다)

"멀어요(멀다)"的反义词是"가까워요(가깝다)"。
④ 멀다(远) ↔ 가깝다(近)
① 좋다(喜欢) ↔ 싫다(讨厌)
② 좁다(窄) ↔ 넓다(宽)
③ 길다(长) ↔ 짧다(短)

04 정답 ②

'많아요(많다)'의 반대말은 '적어요(적다)'이다.
① 커요(크다) ↔ 작아요(작다)
③ · ④ 있어요(있다) ↔ 없어요(없다)

"많아요(많다)"的反义词是"적어요(적다)"。
② 많다(多) ↔ 적다(少)
① 크다(大) ↔ 작다(小)
③ · ④ 있다(有) ↔ 없다(没有)

05 정답 ①

이가 아플 때 가는 병원은 '치과'이다.

牙疼时去的医院是齿科医院。

06 정답 ③

벌써: 시간이 어느 사이에 가는지 모르게. 예상보다 빨리. 생각보다 일찍

벌써(这么快): 没感觉到时间的流逝。比预想的快。比想象的早。

07 정답 ②

'벗을까요(벗다)'의 반대말은 '쓰고(쓰다)'이다. 한국어에는 옷이나 액세서리 등을 몸에 걸치거나 두를 때 쓰는 동사가 여러 가지 있다.

> 옷/외투/치마/바지/윗옷 + 입다
> 모자/안경/마스크 + 쓰다
> 양말/신발 + 신다
> 목도리/스카프 + 두르다/하다
> 귀걸이/목걸이 + 하다
> 시계/팔찌 + 차다

"벗을까요(벗다)"的反义词是"쓰고(쓰다)"。韩语中穿戴衣物饰品时等使用的动词有很多。

> 衣服/外套/裙子/裤子/上衣 + 입다(穿)
> 帽子/眼镜/口罩 + 쓰다(戴)
> 袜子/鞋 + 신다(穿)
> 围巾/手套 + 두르다/하다(戴)
> 耳环/项链 + 하다(戴)
> 手表/手链 + 차다(戴)

08 정답 ④

'쉬웠어요(쉽다)'의 반대말은 '어려웠어요(어렵다)'이다.
④ 쉽다 ↔ 어렵다

"쉬웠어요(쉽다)"的反义词是"어려웠어요(어렵다)"。
④ 쉽다(容易) ↔ 어렵다(难)

09 정답 ①

먹는 데에 드는 비용을 '식비'라고 한다.
외식: 집에서 직접 요리하지 않고 밖에서 음식을 사 먹음

餐饮的费用叫"식비(饮食费)"。
외식(外餐, 外出就餐): 不在家做饭, 在外面就餐。

10 정답 ④

'동안'은 한때에서 다른 때까지의 시간의 길이를 말한다.
입원하다: 환자가 치료를 받기 위해서 일정 기간 동안 병원에 들어가다.

"동안"是指某一段时间。
입원하다(入院): 患者为了接受治疗, 在一定期间内在医院。

11 정답 ④

계산하다: 돈을 내다.

계산하다(计算): 付款。

12 정답 ③

실수: 부주의로 잘못을 함. 말이나 행동이 예의에 어긋남

익숙하다: 자주 대하거나 겪어 잘 아는 상태에 있다.

실수(失误): 因不注意而做错。话或行动越过了礼节。

익숙하다(熟练，娴熟): 经常接触，比较清楚的状态。

13 정답 ②

'저렴하다'와 비슷한 말은 '싸다'이다.

저렴하다: 보통보다 값이 싸다.

저렴하다 ≒ 싸다

"저렴하다"的近义词是"싸다"。

저렴하다(便宜): 价格比普通价格便宜。

저렴하다(便宜) ≒ 싸다(便宜)

14 정답 ③

'회사에 들어가다'와 비슷한 말은 '취직하다'이다.

취직하다: 직업을 얻어 직장에 나가다.

회사에 들어가다 ≒ 취직하다

"회사에 들어가다"的近义词是"취직하다"。

취직하다(就业): 得到一份工作。

회사에 들어가다(进入公司) ≒ 취직하다(就业)

15 정답 ④

'-거나'는 앞에 오는 말과 뒤에 오는 말 중에서 하나가 선택될 수 있음을 나타내는 연결어미이다.

"-거나"是前文和后文中选择一个时使用的连接词尾。

16 정답 ④

앞 내용과 뒤 내용이 다를 때 '하지만'을 사용하여 앞뒤 문장을 이어준다.

前文和后文不一样时用"하지만"表转折。

17 정답 ③

'-(으)ㄹ까요?'는 상대방의 생각, 의견을 묻거나 제안할 때 쓰는 표현이다.

"-(으)ㄹ까요?"是询问对方的想法，意见或者提出建议时使用的表达。

18 정답 ④

'-(으)면 좋겠다'는 앞으로 어떤 상황이 일어나거나 행동하기를 바랄 때 쓴다.
준비하다: 미리 마련하여 갖추다.

"-(으)면 좋겠다"是希望发生前文中的事情时使用。
준비하다(准备)：提前做筹备。

19 정답 ④

'-(으)ㄹ 것 같다'는 어떤 일에 대한 추측을 나타낼 때 사용한다.

"-(으)ㄹ 것 같다"在推测某事时使用。

20 정답 ③

'-(으)ㄴ 적이 있다/없다'는 과거에 어떤 경험이나 행동을 해 보았음(또는 해 보지 않았음)을 나타내는 표현이다.

"-(으)ㄴ 적이 있다/없다"过去有过/没有过某些经验或行动时使用。

21 정답 ②

'-(으)려면'은 어떤 일을 이루기 위한 조건을 말할 때 사용한다.

"-(으)려면"表示实现某事的条件。

22 정답 ①

'밖에'는 '그것을 제외하고는. 그것 말고는.'의 뜻을 나타내며 주로 뒤에 부정의 뜻과 함께 쓰이는 조사이다.

"밖에(除此之外)"有"그것을 제외하고는. 그것 말고는.(除了这个。)"的意思，后面主要加否定词。

23 정답 ①

'-(ㄴ/는)다고 하다'는 주로 다른 사람에게서 들은 내용을 전달할 때 사용되는 종결어미이다. 따라서 '유학을 간다고 해요.'라고 쓰는 것이 자연스럽다.

"-(ㄴ/는)다고 하다"是传达在别人那里听到的内容时使用的终结词尾。所有 "유학을 간다고 해요.(他说他要去留学。)" 的表达比较准确。

24 정답 ④

'-(으)ㄴ/는 편이다'는 상황이나 대상이 대체로 어떠한 부류에 속하거나 가깝다는 것을 나타내는 표현이다. '오늘 야근을 하다'는 대체로 어떠한 상황에 속하는 것이 아닌 확실한 상황이다. 그리고 의미상 일이 많아서 야근이 필요한 상황이므로 '요즘 일이 많아서 오늘 야근을 해야 돼요.'라고 쓰는 것이 자연스럽다.

"-(으)ㄴ/는 편이다"表示当前的情况接近于哪种倾向。"오늘 야근을 하다(今天加班)" 今天加班不属于倾向于哪种情况，而是一种确定的情况，所以 "요즘 일이 많아서 오늘 야근을 해야 돼요.(最近因为工作多所以今天要加班。)" 的表达比较准确。

25 정답 ②

'-아/어/여지다'는 시간이 지나면서 조금씩 어떠한 상태가 된다는 뜻을 나타내는 표현이다.

"-아/어/여지다"表示随着时间推移一点点向像某个状态变化。

26 정답 ①

'-(으)ㄹ 만하다'는 어떤 일이 일어나는 것이 가능함을 의미하거나 앞에 오는 말이 나타내는 행동을 할 가치가 있음을 나타내는 표현이다.

"-(으)ㄹ 만하다"表达某事出现的可能性，或是前文中提到的行动有价值。

27 정답 ④

'-(으)ㄴ/는지'는 뒤에 오는 내용에 대한 막연한 이유나 판단을 나타내는 연결어미이다. '배우다'는 동사이므로 '-(으)ㄹ지'를 써서 '한국 요리를 어디에서 배울지 알아보고 있어요.'라고 쓰는 것이 자연스럽다.

"-(으)ㄴ/는지"是否，表示判断后文出现的内容的原因。"배우다(学，学习)"是动词，所以后面加"-(으)ㄹ지" "한국 요리를 어디에서 배울지 알아보고 있어요.(查一下韩国料理在哪里学习。)"的表达比较准确。

28 정답 ③

'-(으)ㄴ/는지 모르다'는 어떤 생각이나 사실이 매우 그러하다고 강조하는 표현이다. 보통 '-(으)ㄴ/는지 모르다' 앞에는 '얼마나'가 함께 쓰인다. 부모님이 걱정하실까 봐 잘 지낸다고 거짓으로 꾸며 말할 때에는 '부모님이 걱정하실까 봐 잘 지내는 척해요.'라고 쓰는 것이 자연스럽다.

"-(으)ㄴ/는지 모르다"表达强调某种想法或事实。一般 "-(으)ㄴ/는지 모르다"前面加"얼마나"，怕父母担心说自己过的很好，所以 "부모님이 걱정하실까 봐 잘 지내는 척해요.(怕父母担心，假装自己过的很好。)"的表达比较准确。

29 정답 ①

앞뒤 내용으로 보아 '감기에 걸려서 학교에 가지 않았다.'라고 쓰는 것이 자연스럽다.

前文中提到"감기에 걸려서 학교에 가지 않았다.(感冒了所以没去学校。)"的表达比较准确。

30 정답 ④

은행은 '오후가 될수록 사람이 많고'라고 하였다. 사람이 많으면 복잡하기 때문에 '복잡하다'라고 쓰는 것이 자연스럽다.

前文提到银行 "오후가 될수록 사람이 많고(到下午人会多)"。因为人多的话会很复杂 "복잡하다"比较准确。

31 정답 ②

뒤 문장에서 '그러나 일주일이 지난 후에는 교환이나 환불이 어렵다.'라고 하였으므로 '일주일 이내에는 교환이나 환불이 가능하다.'라고 쓰는 것이 자연스럽다.

后文中提到 "그러나 일주일이 지난 후에는 교환이나 환불이 어렵다.(但是过了一星期之后恐怕不能退款。)" 所以 "일주일 이내에는 교환이나 환불이 가능하다.(一星期之内可以退换。)" 是比较准确的表达。

32 정답 ③

그럴듯하다: 말과 같은 것이 그렇다고 여길 만하다.
(고개를) 끄덕이다: 옳다거나 좋다는 뜻으로 고개를 위아래로 흔들다.

그럴듯하다(似乎有道理): 似乎有道理, 似乎是那么回事。
(고개를) 끄덕이다(点头): 表示对或是喜欢时点头。

33 정답 ③

더운 여름날에는 땀을 많이 흘리고 몸이 차가워져 건강이 나빠질 수 있다. 이처럼 여름 중 가장 더운 기간을 한국에서는 '삼복(초복, 중복, 말복)'이라고 말한다. 그리고 한국 사람들은 복날에 더운 여름을 이기고, 건강을 챙기기 위해 삼계탕을 먹는다.

夏天很热的天气时, 流很多汗让身体变凉对健康不好, 像这样夏天中最热的期间在韩国叫 "삼복[三伏(初伏, 中伏, 末伏)]"。韩国人在伏天会吃参鸡汤来战胜伏天, 保养身体初。

34 정답 ②

편의점 음식은 먹기 간편하고, 새벽에도 쉽게 구할 수 있고, 전자레인지에 데우면 바로 먹을 수 있기 때문에 시간을 절약할 수 있어 바쁜 현대인들에게 큰 인기를 얻고 있다.

便利店食品食用方便, 凌晨也能很方便的购买, 微波炉加热后马上就能吃所以节省很时间, 所以很受忙碌的现代人的欢迎。

35 정답 ①

‘어제오늘’은 최근이나 며칠 사이를 의미하며, 이를 ‘요즘’이라는 말로 바꿀 수 있다.

“어제오늘”是指最近的几天时间，和“요즘”意思相近，可以互换使用。

36 정답 ③

비타민D가 부족한 환자는 햇빛을 주기적으로 쬐어 비타민D를 생성해 주는 것이 좋다.

维他命D不足的患者最好定期晒阳光，补充维他命D。

37 정답 ③

생활의 변화를 스트레스로만 받아들이기보다는 긍정적으로 받아들이는 태도를 취하는 것이 좋다.

需要对生活中的变化抱有积极接受的心态。

38 정답 ①

한국 사람들은 ‘나’보다 ‘내가 속한 공동체’를 더 중요하게 생각해서 ‘우리’라는 표현을 사용한다.

韩国人比起“나(我)”而言“내가 속한 공동체(我所在的共同体)”更重要，也就是“我们”。

39 정답 ③

여름에 일정 기간 계속해서 많은 비가 내리는 시기를 ‘장마철’이라고 한다.

夏天一定时间内持续下雨的时期叫“梅雨季节”。

40 정답 ④

편지나 소포 등을 보낼 수 있는 장소는 ‘우체국’이다.

可以邮寄信件或挂号邮件的场所叫“우체국(邮局)”。

41 정답 ②

처방전: 약을 만드는 방법을 적은 종이

처방전(处方笺): 开处方的纸。

42 정답 ③

1339는 질병관리청 긴급신고 전화번호이다. 감염병 발생 신고를 하거나 질병 관련 정보를 얻을 수 있다.

1339是疾病管理厅的紧急申告电话号码，可以申告传染病和获得疾病相关情报。

43 정답 ④

'공동 주택'은 연립 주택, 다세대 주택(빌라), 아파트와 같이 한 건물 안에서 각각 독립생활을 할 수 있도록 지어진 주택을 말한다.

연립 주택: 한 건물에 두 가구 이상이 따로 살 수 있게 지은 공동 주택

다세대 주택: 한 건물에 여러 가구가 독립적으로 살 수 있도록 만든 공동 주택

다가구 주택: 한 동에 여러 가구가 살 수 있도록 만든 단독 주택(전체 건물을 하나의 부동산으로 봄)

"共同住宅"指的是是联排住宅，多户住宅(빌라)，公寓楼等在一个建筑里可以生活很多独立住户的住宅。

연립 주택(联排住宅)：一个建筑里可以独立生活两户以上的共同住宅。

다세대 주택(多世带住宅)：一个建筑里可以生活很多独立住户的共同住宅。

다가구 주택(多家口住宅)：一栋住宅里可以生活很多户。(将一个建筑看为一个不动产)。

44 정답 ③

한국에서는 명절이 되면, 고향에 내려가서 가족이 모이고 차례를 지내며 성묘를 하고 전통 놀이도 즐긴다.

韩国人在传统节日时会回到故乡，和家人团聚，祭祀，扫墓，做传统游戏。

45 정답 ②

한국의 면접 문화에 대한 설명이다. 모르는 것에 대해 아는 척하기보다 무엇을 평가하기 위한 질문인지 생각해 보고 답하는 것이 좋다.

是关于韩国的面试文化的说明。比起对不懂的东西假装很懂，先想一下是为了评价什么内容而做的提问再回答会更好。

46 정답 ③

국민 건강 보험은 병원 치료 등의 의료 서비스가 필요할 때 높은 병원비로 부담을 안게 되는 것을 막기 위해 운영되는 사회 보장 제도이다. 국민 모두가 보험료를 내고 가입하게 되는데, 보험료는 개인의 소득이나 재산에 따라 다르다. 외국인도 한국에 6개월 이상 거주하는 경우 가입 자격이 생기고 외국인 등록을 한 후 직장이나 지역에서 가입을 할 수 있다.

国民健康保险是接受医院治疗等医用设施服务时避免产生高额医疗费用而运营等社会保障制度。每个国民都交一定数额的保险，保险金额会根据个人收入或是财产不同而有区别。外国人在韩国居住6个月以上的情况也有加入的资格，外国人登陆之后在职场或是所住地区可以加入。

47 정답 ③

한국 사람들은 해가 오래 드는 남쪽을 좋다고 생각하기 때문에 남쪽 방향으로 집을 짓거나 무덤을 정한다.

韩国人喜欢日照时间长的南方，所以房子或是墓地是南向。

48 정답 ④

외적인 모습만 보고 판단하는 사람이 많아지면서 '외모 지상주의'라는 말이 생겨났다. 이 문제를 해결하기 위해서는 외모보다 내면을 보는 사회 분위기를 조성해야 한다.

随着只通过外貌判断的人增多产生了"外貌至上主义"的词语。为了解决这个问题需要构建一个更注重内心的社会气氛。

49 정답 따뜻한

온수는 따뜻한 물이라는 뜻이다. 온수를 사용하려고 하는데 보일러가 작동하지 않는다고 하였으므로 '따뜻한 물은 안 나와요.'가 적절하다.

温水(온수)是温热的水。想使用温水没开热水器所以"따뜻한 물은 안 나와요.(不出温水。)"的表达比较准确。

50 [정답] 자전거를 타는

뒤 문장에서 자전거를 타면 좋은 점에 대해 이야기하고 있다.

下文提到了骑自行车的好处。

> 저는 사람들이 제가 만든 음식을 맛있게 먹는 모습을 볼 때 기분이 아주 좋습니다. 그래서 저는 요리사가 되고 싶습니다. 요리사가 되기 위해서는 새로운 음식을 계속 만들어 봐야 합니다. 또 새롭게 개발되는 음식도 찾아보고, 요즘 음식에 대해 공부도 해야 합니다.

01 위의 글을 소리 내어 읽어 보세요.

Tip 발음의 정확성, 띄어 읽기, 유창성, 속도 등에 유의하며 읽습니다.

01 请有声朗读上面文字。

Tip 朗读时请注意发音的准确性，阅读间隔，流畅性及速度。

02 1) 글 쓴 사람은 언제 기분이 좋은가요?

🔊 사람들이 자기가 만든 음식을 맛있게 먹는 걸 볼 때 기분이 좋다고 하였습니다.

2) 요리사가 되려면 어떻게 해야 하나요?

🔊 요리사가 되기 위해서는 새로운 음식을 계속 만들어 봐야 합니다. 또 새롭게 개발되는 음식을 찾아보고 요즘 음식에 대해 공부도 해야 합니다.

02 1) 写这段文字的人什么时候心情会好?

🔊 当看见人们享受自己做的美食的时候心情会好。

2) 想成为厨师需要怎样做?

🔊 要想成为厨师需要不断的做新的食物。还需要寻找新开发出来的饮食，并对最近的饮食进行学习。

03 1) _____ 씨 나라의 요리 중 특별히 소개하고 싶은 요리가 있으면 말해 보세요.

   Tip 본인 나라의 음식 중 자신 있는 요리 또는 소개하고 싶은 요리를 말하면 됩니다.

   2) 한국 요리 중 가장 좋아하는 요리는 무엇이며, 왜 좋아하는지 말해 보세요.

   Tip 자신이 가장 좋아하는 한국 요리를 말하고, 좋아하는 이유를 말하면 됩니다.

---

03 1) 请说一下你的国家的料理中特别想介绍的料理。

   Tip 说出你母国的料理中你有信心介绍的料理或是想介绍的料理即可。

   2) 请介绍一下你喜欢的韩国料理，并说出为什么喜欢该料理。

   Tip 介绍你最喜欢的韩国料理，并且说明理由即可。

04 1) 한국에는 명절마다 다양한 전통 놀이를 즐깁니다. 한국의 명절인 설날과 추석에 즐기는 전통 놀이에 대해 아는 대로 말해 보세요.

   🔊 한국의 전통 놀이에는 윷놀이, 연날리기, 제기차기, 강강술래 등이 있습니다.

   2) _____ 씨 나라에는 어떤 전통 놀이가 있는지 소개해 주세요.

   Tip 본인 나라의 전통 놀이에 무엇이 있고, 어떻게 하는 놀이인지 이야기합니다.

---

04 1) 韩国人每逢传统节日时都喜欢玩丰富的传统游戏。请说出韩国传统节日春节和中秋节人们喜欢的传统游戏。

   🔊 韩国的传统游戏有掷栖游戏，放风筝，踢毽子，江江水月来舞曲等。

   2) 请介绍一下你的国家的传统游戏。

   Tip 说出你的国家的传统游戏有什么，怎么玩即可。

05 1) 한국의 저출산과 고령화로 나타난 변화에 대해 말해 보세요.

🔊 저출산과 고령화로 인해 청년층의 인구가 줄고 노년층의 인구가 늘어나고 있으며 이로 인해 경제 성장이 느려질 수 있다는 우려가 제기되고 있습니다.

2) 한국의 저출산과 고령화 문제의 해결 방법에 대해 말해 보세요.

🔊 부모들이 자녀 양육에 부담을 갖지 않도록 해야 합니다. 예를 들어 정부는 사교육비 부담을 줄이기 위하여 공교육을 강화하는 등의 조치를 취해야 합니다. 그리고 고령화 사회를 새로운 기회로 여기고 노인 인구 증가에 따른 정년 연장 의무화 등과 같은 정책을 만들며 미래 사회에 적극 대비해야 합니다.

---

05 1) 请说出韩国因低出生率和高龄化而发生的变化。

🔊 由于低出生率和高龄化现象，青年层的人口正在减少，老年层人口正在增加，有导致经济增长缓慢的忧虑。

2) 你请说出低出生率和高龄化现象的解决方案。

🔊 要让父母不对养育子女感到有负担。比如政府可以通过强化公立教育等措施来减少私立教育费用。还可以把老龄化社会看成一种机会，出台随着老年人人口增加而将延长退休作为义务化等政策来积极应对未来社会。

제5회 실전 모의고사 p.124

객관식(01~48번)

01	02	03	04	05	06	07	08	09	10
①	③	④	③	④	①	③	②	①	④
11	12	13	14	15	16	17	18	19	20
④	④	②	②	③	④	②	④	③	③
21	22	23	24	25	26	27	28	29	30
④	①	②	④	④	④	①	③	④	④
31	32	33	34	35	36	37	38	39	40
③	④	②	④	②	②	③	④	③	③
41	42	43	44	45	46	47	48		
③	④	①	④	④	③	④	④		

단답형 주관식(49~50번)

49	서비스 센터
50	단군왕검

01 정답 ①

사진 속의 두 사람은 등산을 하고 있으므로 '등산을 해요'가 가장 알맞다.

图片上的人物在登山，所以正确答案是"등산을 해요(登山)"。

02 정답 ③

'보다'는 두 가지 이상을 비교할 때 앞에 오는 명사가 기준이 되는 대상임을 나타낼 때 쓰는 조사이다.

"보다"是两个以上事物做比较时以前面事物为标准对象的表达。

03 정답 ④

'빨라요(빠르다)'의 반대말은 '느려요(느리다)'이다.

빠르다: 한곳에서 다른 곳으로 움직이는 데 걸리는 시간이 짧다.

① 작아요(작다) ↔ 커요(크다)

② 좁아요(좁다) ↔ 넓어요(넓다)

③ 멀어요(멀다) ↔ 가까워요(가깝다)

"빨라요(빠르다)"的反义词是"느려요(느리다)"。

④ 빠르다(很快) ↔ 느리다(迟缓)

빠르다: 从一个地方移动到另一个地方所需要的时间很短。

① 작다(小) ↔ 크다(大)

② 좁다(窄) ↔ 넓다(宽)

③ 멀다(远) ↔ 가깝다(近)

04 정답 ③

'깨끗해요(깨끗하다)'의 반대말은 '더러워요(더럽다)'이다.

②·④ 조용해요(조용하다) ↔ 시끄러워요(시끄럽다)

"깨끗해요(깨끗하다)"的反义词是"더러워요(더럽다)"

③ 깨끗하다(干净) ↔ 더럽다(脏)

②·④ 조용하다(安静) ↔ 시끄럽다(喧闹)

05 정답 ④

동물을 셀 때는 '마리'로, '강아지 한 마리가 있어요.'라고 쓰는 것이 자연스럽다.

마리: 짐승이나 벌레 따위의 수를 세는 단위

动物的单位用 "마리(只，头)"，"강아지 한 마리가 있어요.(有一只狗。)" 的表达比较准确。

마리: 动物，兽类或昆虫的单位。

06 정답 ①

'-아/어 주다'는 다른 사람이나 다른 대상을 위해 어떤 행동을 할 때 쓰는 표현이다. '보통 자기 전에 아이들에게 동화책을 읽어 줘요.'라고 쓰는 것이 자연스럽다.

"-아/어 주다" 表达为了其他人或其他对象而做某种行动 "보통 자기 전에 아이들에게 동화책을 읽어 줘요.(平时睡前给孩子们讲童话故事。)" 的表达比较准确。

07 정답 ③

'차가운(차갑다)'의 반대말은 '뜨거운(뜨겁다)'이다.

뜨겁다: 손이나 몸에 상당한 자극을 느낄 정도로 온도가 높다.

부드럽다: 닿는 느낌이 거칠거나 뻣뻣하지 않다. 음식이 딱딱하지 않다. 가루의 알갱이가 매우 작고 곱다. 성격이나 마음·태도 등이 다정하고 따뜻하다.

"차가운(차갑다)" 的反义词是 "뜨거운(뜨겁다)"。

③ 차갑다(凉) ↔ 뜨겁다(热)

뜨겁다: 烫，手或身体能感受到相当程度刺激的高温。

부드럽다: 摸起来不粗糙或僵硬。食物不硬。粉末的颗粒非常细小。性格或内心，态度非常多情和温暖。

08 정답 ②

'반대하는(반대하다)'의 반대말은 '찬성하는(찬성하다)'이다.

금지하다: 규칙이나 명령 등으로 어떤 행동을 하지 못하게 하다.

걱정하다: 안심이 되지 않아 속을 태우다.

거절하다: 다른 사람의 요구, 제안, 부탁 등을 받아들이지 않다.

"반대하는(반대하다)"的反义词是"찬성하는(찬성하다)"。

② 반대하다(反对) ↔ 찬성하다(赞成)

금지하다(禁止): 通过规则和命令不让做某事。

걱정하다(担心): 不安心。

거절하다(拒绝): 不接受他人的要求, 提案或拜托。

09 정답 ①

① 식비: 먹는 데 드는 돈
② 의료비: 상처나 병을 치료하는 데 드는 돈
③ 버스비: 버스를 타는 대가로 내는 돈
④ 교육비: 교육에 드는 돈

① 식비(餐饮费): 吃的钱。
② 의료비(医疗费): 治疗伤口或疾病的钱。
③ 버스비(巴士费): 乘公共汽车所付的钱。
④ 교육비(教育费): 用于教育的钱。

10 정답 ④

양보하다: 다른 사람을 위해 자리나 물건 등을 내주거나 넘겨주다.

양보하다(让步): 为其他人让出位置或物品。

11 정답 ④

피곤하다: 몸이나 마음이 지치어 고달프다.

피곤하다(疲倦): 身体或心感到累。

12 정답 ④

'(으)로'는 이동의 교통수단을 말할 때와 움직임의 방향을 나타낼 때 사용하는 조사이다.

连接移动时的交通手段和要移动到的方向时使用的助词是 "(으)로"。

13 정답 ②

'번거롭다'와 비슷한 말은 '귀찮다'이다.
번거롭다: 귀찮고 짜증스럽다.
번거롭다 ≒ 귀찮다

"번거롭다"的近义词是"귀찮다"。
번거롭다: 嫌麻烦，不耐烦。
번거롭다(厌烦，麻烦) ≒ 귀찮다(麻烦)

14 정답 ②

'견디다'와 비슷한 말은 '버티다'이다.
버티다: 오래 참고 견디다.
견디다 ≒ 버티다

"견디다"的近义词是"버티다"。
버티다(坚持): 吃苦耐劳。
견디다(忍受) ≒ 버티다(坚持)

15 정답 ③

'-고 말다'는 의도하지 않은 일이 결국 일어났음을 나타내는 표현이다.
잊어버리다: 한번 알았던 것을 모두 기억하지 못하거나 전혀 기억하여 내지 못하다.

"-고 말다"表达最终发生了不希望发生的事情。
잊어버리다(忘了): 之前知道的事情记不全了或是不记得了。

16 정답 ④

'-(이)지요?'는 이미 알고 있는 내용을 확인할 때 사용하는 종결어미이다.

"-(이)지요?"是对已经知道的实事再次确认的终结词尾。

17 정답 ②

능력이 부족하거나 상황에 의해서 어떤 일을 할 수 없을 때 '못' 부정을 쓴다.

由于能力不足或基于某种状况不能做某事时用"못"，表否定。

18 정답 ④

'-고 싶다'는 앞말이 나타내는 행동을 하기 원하는 것을 표현하는 종결어미이다.

"-고 싶다"是表示希望做前文中的事情。

19 정답 ③

'-(으)ㄹ 거예요'는 앞으로 어떤 행위를 하겠다는 강한 의지나 의사를 나타낼 때 사용되거나 추측이나 짐작을 나타내기도 하는 종결어미이다.

"-(으)ㄹ 거예요"是对未来计划的意志，或是表示推测的终结词尾。

20 정답 ③

'-(으)세요'는 설명, 의문, 명령, 요청의 뜻을 나타내는 종결어미이다.

"-(으)세요"表示说明，疑问，命令，请求的终结词尾。

21 정답 ④

'-기가 무섭게'는 앞의 행동이나 상황이 끝나자마자 곧바로 다음 일이 일어남을 나타내는 표현으로 '예매하기가 무섭게'라고 쓰는 것이 자연스럽다.

"-기가 무섭게"是表达前面行动已结束马上就做下一件事，所以"예매하기가 무섭게(一开始预售就)"的表达比较准确。

22 정답 ①

'(이)라도'는 가장 최선은 아니지만 그 상황에서는 좋은 선택이나 조건임을 나타내는 조사로 '청소라도 해 드릴까요?'라고 쓰는 것이 자연스럽다.

"(이)라도"表达虽然不是最佳选择，但在此情况下的一个较好的选择。"청소라도 해 드릴까요?(哪怕是帮你打扫一下?)"的表达比较自然。

23 정답 ②

'-느라고'는 앞 내용이 뒤 내용의 이유나 원인이 됨을 나타내는 연결어미이다. '-느라고'가 쓰이면 뒤 내용은 보통 부정적인 내용이 온다. 그리고 '-느라고' 뒤에는 부탁하는 문장이나 명령하는 문장이 올 수 없다. 따라서 '제가 <u>청소할 테니까</u> 아이들을 좀 봐 주세요.'라고 쓰는 것이 자연스럽다.

"-느라고"是前面内容是后面内容的目的或原因时的表达方式。"-느라고"后面一般跟否定句。"-느라고"后面不能跟拜托和命令的词。所以"제가 <u>청소할 테니까</u> 아이들을 좀 봐 주세요.(我会打扫房间的,拜托你看下孩子吧。)"的表达比较准确。

24 정답 ④

'-(으)ㄴ/는 데다가'는 앞 내용이 포함되고 뒤 내용이 거기에 더해짐을 나타내는 표현이다. 과거(지난주)에 경험한 일이 나와야 하므로 '지난주에 친구와 같이 <u>갔던</u> 한국 음식점이 맛있었어요.'라고 쓰는 것이 자연스럽다.

"-(으)ㄴ/는 데다가"是表达包含前文内容,后文的内容更进一步如何。因为是过去(上周)经历过的事情,所以"지난주에 친구와 같이 <u>갔던</u> 한국 음식점이 맛있었어요.(上周和朋友去的韩国餐厅味道很不错。)"的表达更准确。

25 정답 ④

'-(으)려던 참이다'는 어떤 일을 이제 하려고 하거나 할 계획이 있을 때 사용한다.

"-(으)려던 참이다"表达现在即将要做某事,或是有做某事的计划。

26 정답 ④

'-(으)ㄹ수록'은 어떤 상황이나 정도가 점점 더 심해짐을 나타내는 연결어미이다.

"-(으)ㄹ수록"表达某状况或程度越来越如何的连接词尾。

27 정답 ①

'-(으)ㄴ/는지 모르다'는 어떤 생각이나 사실이 매우 그러하다고 강조하는 표현이다. 보통 '-(으)ㄴ/는지 모르다' 앞에는 '얼마나'가 함께 쓰인다. '영아 씨가 얼마나 <u>예쁜지 몰라요</u>.'라고 쓰는 것이 자연스럽다.

"-(으)ㄴ/는지 모르다"表达强调某种想法或事实。一般 "-(으)ㄴ/는지 모르다"前面加 "얼마나"， "영아 씨가 얼마나 <u>예쁜지 몰라요</u>.(英阿有多漂亮啊。)"的表达更准确。

28 정답 ③

'-아/어/여도'는 앞 내용의 사실이나 기대되는 내용이 뒤 내용과 반대됨을 나타내는 연결어미이다. 앞 내용인 '놀이공원에 가다'와 뒤 내용인 '롤러코스터를 타다'의 두 행동은 시간에 따라 연결하고 있으므로 '놀이공원에 <u>가서</u> 롤러코스터를 탔어요.'라고 쓰는 것이 자연스럽다.

"-아/어/여도"表达前文中的事实或期待和后文中相反。前面的内容 "놀이공원에 가다(去游乐场)"和后面的内容 "롤러코스터를 타다(坐过山车)"通过时间来连接 "놀이공원에 <u>가서</u> 롤러코스터를 탔어요.(去游乐场做了过山车。)"的表达比较准确。

29 정답 ④

생강차를 마셨지만 목이 계속 아파서 이비인후과에 갔다는 것이 자연스럽다.

虽然喝了生姜茶但是嗓子一直疼，所以去耳鼻喉科的选项比较准确。

30 정답 ④

한 자동차 회사가 분리수거함에 점수판을 설치해 쓰레기를 버릴 때마다 분리수거 점수가 나타나도록 하여 사람들이 분리수거에 동참하도록 하고 있다는 내용이다.

文中讲述了某汽车公司在分类回收箱上设置分数牌，每次扔垃圾时都会显示分数，来动员人们做垃圾分类的内容。

31 정답 ③

'스마트폰으로 인터넷 뱅킹이 가능하여 은행 업무를 보기도 쉬워졌다.'라고 해야 한다.

인터넷 뱅킹: 인터넷으로 입출금 등 은행 관련 업무를 보는 일

"스마트폰으로 인터넷 뱅킹이 가능하여 은행 업무를 보기도 쉬워졌다.（智能机的出现让网上银行变得可能，银行业务处理起来也变得容易。）"的表达比较准确。

인터넷 뱅킹（网络银行）： 通过网络处理银行的存取款业务。

32 정답 ④

한국 속담에는 한국인의 사고방식과 행동양식이 담겨 있다.

사고방식: 생각하고 궁리하는 방법이나 태도

행동양식: 인간의 생활에 일정하게 규정되어 있는 형식

韩国谚语中蕴含了韩国人的思考方式和行动方式。

사고방식（思考方式）： 思考和探究的方法和态度。

행동양식（行动模式）： 生活固有的习惯和方式。

33 정답 ②

우체국에서는 우편 서비스 외에 보험 업무도 볼 수 있다.

邮局除了可以办理邮寄业务之外还可以办理保险业务。

34 정답 ④

제품을 구매할 때는 기한이 지나지 않았는지 확인하고 구매해야 한다.

※ 2023년 1월 1일부터 식품에 표시되는 '유통 기한'이 '소비 기한'으로 변경되었으니 참고바랍니다(우유 및 우유 가공품은 제외).

购买产品时需要先确认是否过了消费者期限再购买。

35 정답 ②

1인 가구가 빠르게 증가하면서 우리 사회에 크고 작은 변화가 생기고 있다. 이에 관련된 지원 정책도 확대되어야 한다.

随着一人家庭的增加我们的社会正经历或大或小的变化。相关的支援或政策也要增大范围。

36 정답 ②

성년의 날: 성인(만 19세)이 되는 것을 기념하여 축하하는 날. 한국에서는 매년 5월 셋째 주 월요일에 만 19세가 된 사람들을 축하해 줌

성년의 날(成年节): 为纪念成人(满19岁)的节日。韩国在每年5月第三周的周一为满19岁的人庆祝成年。

37 정답 ③

마지막 문장에서 전문가의 도움을 받으면 문제를 해결할 수 있을 거라고 했다.

最后一句话中提到得到专家的帮助就能解决问题。

38 정답 ④

현대인들이 질병에 많이 걸리는 것은 잘못된 생활 습관 때문이라고 했다.

现代人很多的疾病是因为不健康的生活习惯导致的。

39 정답 ③

일주일 중에서 월, 화, 수, 목, 금요일 5일만 일하는 것은 '주 5일제'이다.

一个星期里星期一到星期五工作五天的制度是"주 5일제(周五日制)"。

40 정답 ③

애국가는 대한민국의 국가(國歌)이다. 나라를 사랑하는 마음을 담은 노래라는 뜻을 지니고 있다.

爱国歌是大韩民国的国歌。是具有饱含热爱国家的意义的歌曲。

41 [정답] ③

거주자우선주차제도는 주택가의 주차난을 해소하기 위한 제도이기에 대중교통 이용을 장려하는 제도가 아니다.

居住者优先停车制度是为了减少住宅区附近停车难的制度，不是鼓励利用大众交通的制度。

42 [정답] ④

공공부조는 생활이 어려운 사람들의 생활수준을 보장해 주고 생활비와 의료비를 지원해 주는 제도이다.

公共扶助是为生活困难的人保证生活水准，支援生活费和医疗费的制度。

43 [정답] ①

사람과 사람 사이에 무엇을 주고받을지에 대해 약속하는 것을 '계약'이라고 한다.

권리: 어떤 일을 행하거나 타인에 대하여 당연히 요구할 수 있는 힘이나 자격

서명: 자기의 이름을 써넣음

책임: 맡아서 해야 할 임무나 의무

人和人之前互相交易时的约定叫做"계약(合同)"。

권리(权利): 具有形式某行动或对他人要求的正当资格。

서명(签名): 签自己的名字。

책임(责任): 需承担的义务。

44 [정답] ④

법으로 분쟁을 해결하고 권리를 보호하는 대표적인 방법을 '소송'이라고 한다.

通过法律解决纷争保护权利的代表方法叫"소송(诉讼)"。

45 정답 ④

'국가인권위원회'는 모든 사람이 가지는 인권을 보호하고 민주적 기본질서 세우는 것을 목적으로 하는 독립된 국가 기관이다. 국가인권위원회는 인권보호 향상에 관한 모든 사항을 다루고, 인권 침해에 대한 상담, 조사, 구제의 기능을 한다.

"国家人权委员会"是保护所有个人的基本人权，以建立民主基本秩序为目标的独立国家机关。国家人权委员会处理所有关于改善人权保护的事物，并具有对侵犯人权行为进行咨询，调查和救济的功能。

46 정답 ③

비밀 선거는 어떤 후보나 정당에 투표했는지 다른 사람이 알지 못하게 비밀이 보장되는 선거 원칙이다.

秘密选举是给哪位候补投票的事实不能告诉其他人的保密原则。

47 정답 ④

의심되는 문자 메시지나 메일에 포함된 링크는 함부로 클릭하지 않아야 보이스 피싱 피해를 예방할 수 있다. 만일 피해를 입었을 경우에는 경찰청(112), 금융감독원(1332), 한국인터넷진흥원(118)에 신고해야 한다.

收到可疑的短信或邮件时不要轻易打开信息中包含的链接才能预防电信诈骗。遇到被骗的情况需要向警察厅(112)，金融监督院(1332)，韩国网络振兴院(118)进行申告。

48 정답 ④

반려견을 키우는 인구는 증가하고 있지만 안전관리에 대한 인식은 낮아 반려견에게 물리는 사고가 종종 발생하고 있으므로 반려견에 대한 철저한 안전관리가 필요하다.

虽然养宠物的人在增多，但是对安全管理的意识还很低，经常会发生宠物咬伤人的事故，所以有必要对宠物进行彻底的安全管理。

49 정답 **서비스 센터**

전자 제품에 문제가 생겼을 때 수리, 환불, 교환 등을 해주는 곳은 서비스 센터이다.

电子产品出现问题时提供修理，退款，交换服务的地方是售后中心。

50 정답 **단군왕검**

한국의 첫 번째 국가인 고조선을 세운 사람은 단군왕검이다.

设立韩国第一个国家古朝鲜的人是檀君王俭。

> 한국에서 직장 동료와 함께 결혼식에 간 적이 있습니다. 동료는 축하하는 마음을 담아 봉투에 돈을 넣고 결혼식장 축의금 함에 봉투를 집어 넣었습니다. 동료의 모습을 보고 한국에서 축의금을 주는 의미가 궁금해졌습니다. 그래서 동료에게 축의금을 주는 의미가 무엇인지 물어보자 '축하할 일이나 기쁜 일이 생겼을 때 서로 돕는 한국의 상부상조 문화'라고 하였습니다. 한국의 결혼식 문화를 경험할 수 있어서 정말 좋았습니다.

01 위의 글을 소리 내어 읽어 보세요.

> **Tip** 발음의 정확성, 띄어 읽기, 유창성, 속도 등에 유의하며 읽습니다.

01 请有声朗读上面文字。

> **Tip** 朗读时请注意发音的准确性，阅读间隔，流畅性及速度。

02 1) 직장 동료와 함께 어디에 갔습니까?

> 🔊 직장 동료와 함께 결혼식을 갔습니다.

2) 축의금은 어떤 의미가 있습니까?

> 🔊 한국에서 축의금은 '축하할 일이나 기쁜 일이 생겼을 때 서로 돕는 상부상조 문화'라고 하였습니다.

02 1) 和公司同事一起去哪里?

> 🔊 和公司同事一起去参加婚礼。

2) 礼金有怎样的意义?

> 🔊 在韩国礼金有 '发生需要祝贺或是开心的事情时相互帮助的相扶相助的文化' 的意义。

03 1) _____ 씨 나라의 결혼식 문화의 특징에 대해 말해 보세요.

Tip 본인의 나라에 있는 결혼식 문화의 특징에 대해 말하면 됩니다.

2) _____ 씨는 한국 결혼식에서 축의금을 주는 문화에 대해 어떻게 생각하는지 말해 보세요.

Tip 한국의 결혼식 문화에 대해 어떻게 생각하는지 본인의 생각을 말하면 됩니다.

---

03 1) 请说一下你的国家的婚礼文化特征。

Tip 说出你母国的婚礼文化特征即可。

2) 请说一下你对韩国婚礼时送礼金的看法。

Tip 说出你对韩国结婚典礼文化的看法即可。

04 1) 대한민국이 민주주의 국가로 발전하게 된 사건들이 있습니다. 어떤 사건인지 말해 보세요.

◀• • 4·19혁명: 3·15 부정 선거의 반발로 일어난 시위로 이승만 대통령이 대통령 자리에서 물러남
   • 5·18민주화 운동: 군인 세력 집권 반대와 민주주의 회복에 대한 광주 시민의 민주화 운동으로 시위 과정에서 수많은 광주 시민이 군인들에 의해 희생됨
   • 6월 민주 항쟁: 대통령 직선제, 헌법 개정 등을 요구하는 시위가 전국적으로 일어나 결국 대통령 직선제 등의 내용을 담은 헌법이 새로 만들어짐

2) 대한민국의 권력 분립에 대해 설명해 보세요.

◀• 대한민국은 민주주의 실현을 위해 입법부, 행정부, 사법부 3개의 권력으로 분리해 놓았습니다. 이것을 삼권분립이라고 합니다.

---

04 1) 有一些导致大韩民国发展成为民主主义国家的事件。请说出都有哪些事件。

◀• 4·19革命: 由于反对3·15不正当选举而发生的学生和市民的示威，最终将李承晚总统推下台。

🔊 5·18民主化运动: 光州市民反对军人势力集权及恢复民主主义的民主化运动，导致很多光州市民因军人在运动中因此牺牲。

🔊 6月民主抗争: 关于要求总统直选制度，修正宪法的示威在全国爆发，结果制定出了包含总统直选制度等内容的新宪法。

2) 请说出韩国权利分立制度。

🔊 大韩民国为了实现民主主义，将权力分成了立法部，行政部，司法部三个部门。这也称作三权分立。

05 1) 대한민국 헌법은 인간이 가져야 하는 기본권을 보장하고 있습니다. 기본권에는 무엇이 있는지 말해 보세요.

🔊 평등권, 자유권, 참정권, 청구권, 사회권이 있습니다.
- 평등권: 모든 사람은 법 앞에 평등하며 국가로부터 불합리한 차별을 받지 않을 권리
- 자유권: 국가 권력의 간섭 또는 침해를 받지 않을 권리
- 참정권: 국민이 간접적·직접적으로 국정에 참여할 수 있는 권리
- 청구권: 권리가 침해되었을 때 국가에게 일정한 요구를 할 수 있는 권리
- 사회권: 국민이 인간다운 삶을 살 수 있도록 국가에게 요구를 할 수 있는 권리

2) 대한민국에서는 범죄를 저지른 사람에게 형법을 적용하고 있습니다. 형벌의 종류에 대해 말해 보세요.

🔊 대한민국 형법에서 형벌은 사형, 징역, 금고, 자격상실, 자격정지, 벌금, 구류, 과료, 몰수 등 총 9가지로 규정되어 있습니다. 이러한 9가지 형벌은 생명형(사형), 자유형(징역, 금고, 구류), 명예형(자격상실, 자격정지), 재산형(벌금, 과료, 몰수)의 4가지로 다시 나누기도 합니다.

05 1) 大韩民国的宪法中保障了人的基本权利。请说出基本权利有哪些。

🔊 平等权，自由权，参政权，请求权，社会权。
- 平等权: 法律面前人人平等，不受国家无理歧视的权利。
- 自由权: 不受国家权力干涉或侵犯的权利。

· 参政权: 公民间接和直接参与政府事务的权利。

· 索赔权: 当权利受到侵犯时向国家提出一定要求的权利。

· 社会权利: 向国家提出要求的权利, 以便人们能够过上有尊严的生活。

2) 大韩民国对犯罪的人处以刑法的处罚。请说出刑罚的种类。

　　　大韩民国的刑法中规定的刑罚有死刑, 徒刑, 禁锢刑, 丧失资格, 中止资格, 罚金, 拘留, 罚款, 没收等9种。这9种刑罚又分为生命型(死刑), 自由型(徒刑, 禁锢刑, 拘留), 名誉型(丧失资格, 中止资格), 财产型(罚金, 罚款, 没收)这4种。

부록

구술시험 가이드

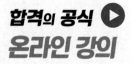

1. 구술시험이란?

- 구술시험에서는 읽기 · 말하기 능력, 상황과 주제에 맞게 대화하는 능력을 평가합니다.
- 중간평가와 종합평가 구술시험 문제는 배운 내용을 근거로 출제됩니다. 단, 사전평가는 배운 내용이 아닌, 응시자가 기존에 알고 있는 지식을 평가합니다.
- 시험 진행
  - 구술시험은 필기시험과 같은 날, 필기시험이 끝난 후에 실시됩니다.
  - 구술시험은 한 사람당 약 10분간 진행됩니다.
  - 시험은 5문항이 출제되며, 2명의 구술시험 감독관이 동시에 평가합니다.
  - 사전평가에서는 5명, 중간평가와 종합평가는 2명씩 입실하여 구술시험에 응시하게 됩니다.
  (※ 시험장마다 입실 인원은 다를 수 있습니다.)

2. 구술시험장 미리 보기

(1) 대기실에서 준비하기

① 구술시험 채점표를 2장 받습니다.
② 2장의 구술시험 채점표에 성명, 외국인등록번호, 시험일, 지역을 정확히 적습니다.

[예]

구술시험 채점표

□ **평가 구분** : 사전평가

성 명	Hong Gil Dong	시 험 일	2024.12.25	구 술	성명	
외국인등록번호	900000-5000000	지 역	서울	시험관	서명	

③ 작성한 구술시험 채점표와 외국인등록증을 들고 대기합니다.
④ 감독관이 이름을 부르면 구술시험 채점표와 외국인등록증을 들고 부르는 곳으로 갑니다.

(2) 구술시험 보기

① 시험장에 입실합니다.

② 예의 바르게 인사를 하고 감독관에게 외국인등록증과 구술시험 채점표를 제출합니다.

③ 지정된 자리에 앉아서 책상 위에 놓인 구술시험 문제지를 읽습니다.

④ 문제지를 읽고 감독관의 질문에 대답합니다.

⑤ 답변을 할 때는 최대한 바른 자세로 대답합니다.

⑥ 감독관의 질문이 이해가 되지 않을 때는 "다시 한번 질문해 주시면 감사하겠습니다.", 또는 "조금 더 자세히 설명해 주실 수 있으신가요?"라고 정중하게 요청합니다.

구술시험 고득점 Tip!

• 정답만 간단히 정리하여 대답해야 높은 점수를 받을 수 있습니다.

• 질문과 관계없는 대답을 하면 좋은 점수를 받을 수 없습니다.

• 감독관이 질문할 때는 감독관의 눈을 쳐다보며 질문을 듣습니다.

• 답을 말할 때는 감독관이 잘 들을 수 있도록 큰 목소리로 자신 있게, 또박또박 대답해야 합니다.

• 질문에 답할 때는 "○○입니다.", "○○라고 생각합니다."와 같이 정확한 문법과 존댓말을 사용해 어순에 맞는 문장 형태로 대답해야 합니다.

---

⑦ 시험이 끝난 후 감독관에게 인사를 합니다.

⑧ 감독관에게 제출한 외국인등록증을 반드시 돌려받은 후 시험장을 나가야 합니다.

⑨ 시험장에서 나온 후, 짐을 챙겨 집으로 돌아갑니다.

3. 평가 단계별 구술시험 미리 보기

(1) 사전평가 구술시험

① 주어진 글을 소리 내어 읽기
  - 천천히 또박또박 글을 읽어야 합니다.
  - 글을 읽을 때 발음, 휴지, 억양이 얼마나 정확한지 확인합니다.

② 말하기
  - 읽은 글의 내용을 잘 이해하고 있는지 평가합니다.
  - 지문의 내용을 있는 그대로 읽기보다는 자신이 이해하고 있는 내용을 문법에 맞춰 차분하게 또박또박 말하는 것이 중요합니다. 이때 발음, 휴지, 억양도 중요한 평가 요소가 됩니다.

③ 대화하기 1

  - 읽은 내용과 같거나 비슷한 경험을 살려 대화할 수 있어야 합니다.
  - 읽은 내용과 같거나 비슷한 주제와 관련하여 본인의 나라와 관련된 질문을 받게 됩니다. 읽은 내용과 관련지어 질문에 대답할 수 있어야 합니다.

④ · ⑤ 대화하기 2

  - 문화와 역사, 정치, 경제와 관련된 내용으로 대화할 수 있어야 합니다.
  - 본인 나라의 문화, 역사, 정치, 경제를 주제로 대화가 가능해야 합니다.

(2) 중간평가 구술시험

① 주어진 글을 읽고 내용에 대한 질문에 답하기

  - 지문을 소리 내지 않고 읽은 후, 내용에 대한 질문에 답할 수 있어야 합니다.

② 말하기

  - 읽은 글의 내용을 잘 이해하고 있는지 평가합니다.
  - 지문의 내용을 있는 그대로 읽기보다는 자신이 이해하고 있는 내용을 문법에 맞춰 차분하게 또박또박 말하는 것이 중요합니다. 이때 발음, 휴지, 억양도 중요한 평가 요소가 됩니다.

③ 대화하기 1

  - 읽은 내용과 같거나 비슷한 경험을 살려 대화할 수 있어야 합니다.
  - 읽은 내용과 같거나 비슷한 주제와 관련하여 본인의 나라와 관련된 질문을 받게 됩니다. 읽은 내용과 관련지어 질문에 대답할 수 있어야 합니다.

④ · ⑤ 대화하기 2

  - 문화와 역사, 정치, 경제와 관련된 내용으로 대화할 수 있어야 합니다.
  - 본인 나라의 문화, 역사, 정치, 경제를 주제로 대화가 가능해야 합니다.

(3) 종합평가 구술시험

〈영주용 종합평가〉

① 주어진 그림이나 글을 보고 관련된 질문에 답하기
  – 주어진 그림이나 글을 보고 질문에 답할 수 있어야 합니다.

② 말하기
  – 읽은 글의 내용을 잘 이해하고 있는지 평가합니다.
  – 지문의 내용을 있는 그대로 읽기보다는 자신이 이해하고 있는 내용을 문법에 맞춰 차분하게 또박또박 말하는 것이 중요합니다. 이때 발음, 휴지, 억양도 중요한 평가 요소가 됩니다.

③ 대화하기 1
  – 읽은 내용과 같거나 비슷한 경험을 살려 대화할 수 있어야 합니다.
  – 읽은 내용과 같거나 비슷한 주제와 관련하여 본인의 나라와 관련된 질문을 받게 됩니다. 읽은 내용과 관련지어 질문에 대답할 수 있어야 합니다.

④ · ⑤ 대화하기 2
  – 문화와 역사, 정치, 경제와 관련된 내용으로 대화할 수 있어야 합니다.
  – 본인 나라의 문화, 역사, 정치, 경제를 주제로 대화가 가능해야 합니다.

〈귀화용 종합평가〉

① 주어진 그림이나 글을 보고 관련된 질문에 답하기
  – 주어진 그림이나 글을 보고 질문에 답할 수 있어야 합니다.

② 말하기
  – 읽은 글의 내용을 잘 이해하고 있는지 평가합니다.
  – 지문의 내용을 있는 그대로 읽기보다는 자신이 이해하고 있는 내용을 문법에 맞춰 차분하게 또박또박 말하는 것이 중요합니다. 이때 발음, 휴지, 억양도 중요한 평가 요소가 됩니다.

③ 대화하기 1
  – 읽은 내용과 같거나 비슷한 경험을 살려 대화할 수 있어야 합니다.
  – 읽은 내용과 같거나 비슷한 주제와 관련하여 본인의 나라와 관련된 질문을 받게 됩니다. 읽은 내용과 관련지어 질문에 대답할 수 있어야 합니다.

④ 대화하기 2
  – 문화와 역사, 정치, 경제와 관련된 내용으로 대화할 수 있어야 합니다.
  – 본인 나라의 문화, 역사, 정치, 경제를 주제로 대화가 가능해야 합니다.

⑤ 애국가 부르기, 질문에 대답하기
  - 귀화용 종합평가의 5번 질문은 두 문제입니다. 수험자가 애국가를 부른 후, 감독관
    이 질문을 합니다.
  - 애국가를 감독관 앞에서 부를 수 있어야 합니다. 애국가는 음절에 맞게 불러야 하
    나, 노래를 못할 경우 가사를 틀리지 않게 정확히 외워서 대답해도 됩니다.
  - 애국가를 부르고 나면 감독관이 질문을 합니다. 이때 질문은 정치, 역사, 경제, 사회
    분야와 관련된 질문으로, 질문에 맞는 대답을 해야 합니다.

4. 구술시험에 자주 나오는 질문

- 대한민국을 상징하는 것은 무엇입니까?
  - 태극기, 무궁화, 한글입니다.
- 세종대왕에 대해 아는 대로 말해 보세요.
  - 한글을 만들고 과학 기술을 발달시킨 조선의 네 번째 왕입니다.
  - 만 원짜리 지폐에 등장하는 인물입니다.
- 한국의 가족 특징을 설명하고, 본인 고향의 가족의 특징을 설명해 보세요.
  - 과거 한국은 대부분 대가족이었으나 현재는 핵가족이 많습니다.
  - 제 고향의 가족 형태는 _____입니다.
- 한국의 회식 문화와 여러분 나라의 회식 문화에 대해 설명해 보세요.
  - 한국의 회식 문화는 장소 이동에 따라 1차, 2차, 3차가 있지만 우리나라는 _____
    입니다/합니다.
- 한국의 학제에 대해 설명하고, 본인 나라의 학제를 설명해 보세요.
  - 한국의 학제는 초등학교 6년, 중학교 3년, 고등학교 3년입니다.
  - 제가 살던 나라의 학제는 _____입니다.
- 한국의 교육열이 가진 장점을 말해 보세요.
  - 한국 교육열의 장점은 우수한 인재를 길러 경제 발전에 도움이 되었다는 것입니다.
- 한국의 명절과 본인 고향의 명절을 비교하여 설명해 보세요.
  - 한국의 명절에는 설날과 추석이 있습니다.
  - 제 고향의 명절에는 _____이/가 있습니다.
- 대한민국이 통일이 되기 위해서는 어떤 노력이 필요하다고 생각합니까?
  - 대한민국이 통일이 되기 위해서는 남과 북의 교류가 있어야 합니다.

- 한국이 경제 성장을 이룰 수 있었던 이유는 무엇입니까?
  - 잘 살아 보겠다는 의지와 우수한 노동력으로 한국은 빠른 경제 성장을 이루었습니다.
- 한국의 기후와 계절을 설명해 보세요.
  - 한국은 봄, 여름, 가을, 겨울 사계절이 있습니다.
  - 봄은 따뜻하고, 여름은 덥고 비가 많이 옵니다. 가을은 맑은 날이 많고 시원하며, 겨울은 춥고 눈이 옵니다.
- 대한민국 선거의 4대 원칙을 설명해 보세요.
  - 보통 선거는 만 18세 이상이면 누구나 선거에 참여할 수 있다는 뜻입니다.
  - 평등 선거는 성별, 재산, 학력, 종교와 관계없이 모두가 공평하게 한 표씩 투표한다는 뜻입니다.
  - 직접 선거는 투표권을 가진 사람이 직접 투표한다는 뜻입니다.
  - 비밀 선거는 투표 내용을 다른 사람이 알지 못하게 비밀로 할 수 있다는 뜻입니다.
- 대한민국 국민의 4대 의무를 말해 보세요.
  - 국방의 의무, 납세의 의무, 근로의 의무, 교육의 의무가 있습니다.
- 인터넷의 장점에 대해 설명해 보세요.
  - 정보를 쉽게 얻을 수 있습니다.
  - 인터넷 뱅킹으로 은행 업무를 볼 수 있습니다.
  - 물건을 쉽게 구매할 수 있습니다.

답안 작성 방법 안내

사회통합프로그램 기본소양 평가답안지 □ 사전평가 □ 중간평가 □ 종합평가

외국인등록번호

⓪	⓪	⓪	⓪	⓪		⓪	⓪	⓪	⓪
①	①	①	①	①	—	①	①	①	①
②	②	②	②	②		②	②	②	②
③	③	③	③	③		③	③	③	③
④	④	④	④	④		④	④	④	④
⑤	⑤	⑤	⑤	⑤		⑤	⑤	⑤	⑤
⑥	⑥	⑥	⑥	⑥		⑥	⑥	⑥	⑥
⑦	⑦	⑦	⑦	⑦		⑦	⑦	⑦	⑦
⑧	⑧	⑧	⑧	⑧		⑧	⑧	⑧	⑧
⑨	⑨	⑨	⑨	⑨		⑨	⑨	⑨	⑨

객 관 식

※ 주관식(단답형) 답은 뒷면에 기입하십시오.

시험지 유형 Ⓐ Ⓑ / 응답 이름

1	①	②	③	④
2	①	②	③	④
3	①	②	③	④
4	①	②	③	④
5	①	②	③	④
6	①	②	③	④
7	①	②	③	④
8	①	②	③	④
9	①	②	③	④
10	①	②	③	④

문항	①	②	③	④
11	①	②	③	④
12	①	②	③	④
13	①	②	③	④
14	①	②	③	④
15	①	②	③	④
16	①	②	③	④
17	①	②	③	④
18	①	②	③	④
19	①	②	③	④
20	①	②	③	④

문항	①	②	③	④
21	①	②	③	④
22	①	②	③	④
23	①	②	③	④
24	①	②	③	④
25	①	②	③	④
26	①	②	③	④
27	①	②	③	④
28	①	②	③	④
29	①	②	③	④
30	①	②	③	④

문항	①	②	③	④
31	①	②	③	④
32	①	②	③	④
33	①	②	③	④
34	①	②	③	④
35	①	②	③	④
36	①	②	③	④
37	①	②	③	④
38	①	②	③	④
39	①	②	③	④
40	①	②	③	④

문항	①	②	③	④
41	①	②	③	④
42	①	②	③	④
43	①	②	③	④
44	①	②	③	④
45	①	②	③	④
46	①	②	③	④
47	①	②	③	④
48	①	②	③	④

※ 객관식 답안은 OMR 카드에 작성합니다.

경규터용 검은색 사인펜

가는 부분: 주관식 작성용
굵은 부분: 객관식 작성용

올바른 마킹

GOOD   BAD

잘못된 필기구 사용과 답안지의 불완전한 마킹으로 인한 답안 작성 오류는 본인에게 책임이 있음

※ 감독자만 기입하십시오.

	주관식1	주관식2	구술점수	감독
	주관식			자용
⓪	⓪	⓪	⓪	
①	①	①	①	
②	②	②	②	
③	③	③	③	
④	④	④	④	
⑤	⑤	⑤	⑤	
⑥			⑥	
⑦			⑦	
⑧			⑧	
⑨			⑨	

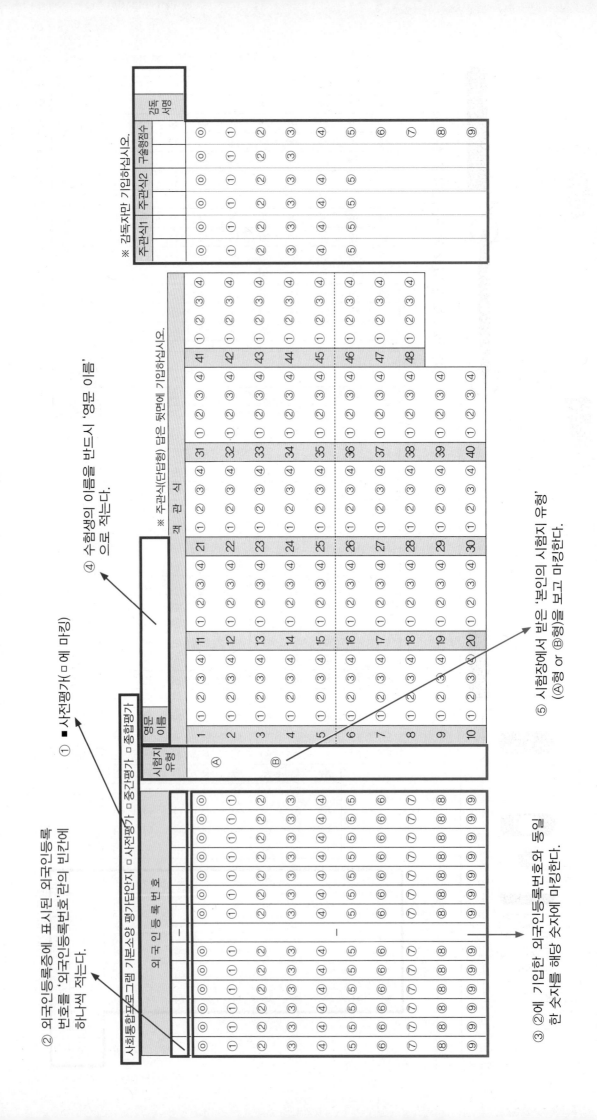

① ■ 사전평가(□에 마킹)

② 외국인등록증에 표시된 외국인등록
번호를 '외국인등록번호'란의 빈칸에
하나씩 적는다.

③ ②에 기입한 외국인등록번호와 동일
한 숫자를 해당 숫자에 마킹한다.

④ 수험생의 이름을 반드시 '영문 이름'
으로 적는다.

⑤ 시험장에서 받은 '본인의 시험지 유형'
(A)형 or (B)형)을 보고 마킹한다.

사회통합프로그램 기본소양 평가답안지 □사전평가 □중간평가 □종합평가

※ 감독자만 기입하십시오.

※ 주관식(단답형) 답은 뒷면에 기입하십시오.

사회통합프로그램 기본소양 평가답안지　□사전평가　□중간평가　□종합평가

외국인등록번호

시험지 유형　Ⓐ　Ⓑ

응시자 이름

※ 주관식(단답형) 답은 뒷면에 기입하십시오.

객관식

주관식 1

주관식 2

1	2	3	4	5	6	7	8	9	10
11	12	13	14	15	16	17	18	19	20
21	22	23	24	25	26	27	28	29	30
31	32	33	34	35	36	37	38	39	40
41	42	43	44	45	46	47	48

※ 감독자만 기입하십시오.

주관식1	주관식2	구술합격수	감독 사항

사회통합프로그램 기본소양 평가답안지 □사전평가 □중간평가 □종합평가

※ 감독자만 기입하십시오.

주관식1		주관식2		구술형점수	감독 서명
⓪	⓪	⓪	⓪	⓪	
①	①	①	①	①	
②	②	②	②	②	
③	③	③	③	③	
④	④	④	④	④	
⑤	⑤	⑤	⑤	⑤	
				⑥	
				⑦	
				⑧	
				⑨	

※ 주관식(단답형) 답은 뒷면에 기입하십시오.

객 관 식

주관식 2

주관식 1

외 국 인 등 록 번 호

시험지 유형 Ⓐ Ⓑ

영문 이름

사회통합프로그램 기본소양 평가답안지 □사전평가 □중간평가 □종합평가

외국인등록번호

시험지 유형	답안 이름
Ⓐ Ⓑ	

객 관 식

※ 주관식(단답형) 답은 뒷면에 기입하십시오.

	1	2	3	4
1	①	②	③	④
2	①	②	③	④
3	①	②	③	④
4	①	②	③	④
5	①	②	③	④
6	①	②	③	④
7	①	②	③	④
8	①	②	③	④
9	①	②	③	④
10	①	②	③	④
11	①	②	③	④
12	①	②	③	④
13	①	②	③	④
14	①	②	③	④
15	①	②	③	④
16	①	②	③	④
17	①	②	③	④
18	①	②	③	④
19	①	②	③	④
20	①	②	③	④
21	①	②	③	④
22	①	②	③	④
23	①	②	③	④
24	①	②	③	④
25	①	②	③	④
26	①	②	③	④
27	①	②	③	④
28	①	②	③	④
29	①	②	③	④
30	①	②	③	④
31	①	②	③	④
32	①	②	③	④
33	①	②	③	④
34	①	②	③	④
35	①	②	③	④
36	①	②	③	④
37	①	②	③	④
38	①	②	③	④
39	①	②	③	④
40	①	②	③	④
41	①	②	③	④
42	①	②	③	④
43	①	②	③	④
44	①	②	③	④
45	①	②	③	④
46	①	②	③	④
47	①	②	③	④
48	①	②	③	④

주관식 1

주관식 2

※ 감독자만 기입하십시오.

	주관식1	주관식2	구술점수	감독 확인

사회통합프로그램 기본소양 평가답안지 □사전평가 □중간평가 □종합평가

주관식1		주관식2		구술형점수	감독서명
⓪ ① ② ③ ④ ⑤	⓪ ① ② ③ ④ ⑤	⓪ ① ② ③ ④ ⑤	⓪ ① ② ③ ④ ⑤	⓪ ① ② ③	⓪ ① ② ③ ④ ⑤ ⑥ ⑦ ⑧ ⑨

외 국 인 등 록 번 호

| ⓪①②③④⑤⑥⑦⑧⑨ | ⓪①②③④⑤⑥⑦⑧⑨ | ⓪①②③④⑤⑥⑦⑧⑨ | ⓪①②③④⑤⑥⑦⑧⑨ | ⓪①②③④⑤⑥⑦⑧⑨ | ⓪①②③④⑤⑥⑦⑧⑨ | — | ⓪①②③④⑤⑥⑦⑧⑨ | ⓪①②③④⑤⑥⑦⑧⑨ | ⓪①②③④⑤⑥⑦⑧⑨ | ⓪①②③④⑤⑥⑦⑧⑨ | ⓪①②③④⑤⑥⑦⑧⑨ | ⓪①②③④⑤⑥⑦⑧⑨ |

※ 주관식(단답형) 답은 뒷면에 기입하십시오.

시험지 유형	영문 이름		객 관 식			
Ⓐ Ⓑ	1	① ② ③ ④	11	① ② ③ ④	21	① ② ③ ④
	2	① ② ③ ④	12	① ② ③ ④	22	① ② ③ ④
	3	① ② ③ ④	13	① ② ③ ④	23	① ② ③ ④
	4	① ② ③ ④	14	① ② ③ ④	24	① ② ③ ④
	5	① ② ③ ④	15	① ② ③ ④	25	① ② ③ ④
	6	① ② ③ ④	16	① ② ③ ④	26	① ② ③ ④
	7	① ② ③ ④	17	① ② ③ ④	27	① ② ③ ④
	8	① ② ③ ④	18	① ② ③ ④	28	① ② ③ ④
	9	① ② ③ ④	19	① ② ③ ④	29	① ② ③ ④
	10	① ② ③ ④	20	① ② ③ ④	30	① ② ③ ④

객 관 식			
31	① ② ③ ④	41	① ② ③ ④
32	① ② ③ ④	42	① ② ③ ④
33	① ② ③ ④	43	① ② ③ ④
34	① ② ③ ④	44	① ② ③ ④
35	① ② ③ ④	45	① ② ③ ④
36	① ② ③ ④	46	① ② ③ ④
37	① ② ③ ④	47	① ② ③ ④
38	① ② ③ ④	48	① ② ③ ④
39	① ② ③ ④		
40	① ② ③ ④		

주관식 1

주관식 2

사회통합프로그램 기본소양 평가답안지 □사전평가 □중간평가 □종합평가

외국인등록번호

⓪	⓪	⓪	⓪	⓪	⓪	—	⓪	⓪	⓪	⓪	⓪	⓪
①	①	①	①	①	①	—	①	①	①	①	①	①
②	②	②	②	②	②		②	②	②	②	②	②
③	③	③	③	③	③		③	③	③	③	③	③
④	④	④	④	④	④		④	④	④	④	④	④
⑤	⑤	⑤	⑤	⑤	⑤		⑤	⑤	⑤	⑤	⑤	⑤
⑥	⑥	⑥	⑥	⑥	⑥		⑥	⑥	⑥	⑥	⑥	⑥
⑦	⑦	⑦	⑦	⑦	⑦		⑦	⑦	⑦	⑦	⑦	⑦
⑧	⑧	⑧	⑧	⑧	⑧		⑧	⑧	⑧	⑧	⑧	⑧
⑨	⑨	⑨	⑨	⑨	⑨		⑨	⑨	⑨	⑨	⑨	⑨

시험지 유형 Ⓐ Ⓑ

영문 이름

객관식

문번	①	②	③	④
1	①	②	③	④
2	①	②	③	④
3	①	②	③	④
4	①	②	③	④
5	①	②	③	④
6	①	②	③	④
7	①	②	③	④
8	①	②	③	④
9	①	②	③	④
10	①	②	③	④
11	①	②	③	④
12	①	②	③	④
13	①	②	③	④
14	①	②	③	④
15	①	②	③	④
16	①	②	③	④
17	①	②	③	④
18	①	②	③	④
19	①	②	③	④
20	①	②	③	④
21	①	②	③	④
22	①	②	③	④
23	①	②	③	④
24	①	②	③	④
25	①	②	③	④
26	①	②	③	④
27	①	②	③	④
28	①	②	③	④
29	①	②	③	④
30	①	②	③	④
31	①	②	③	④
32	①	②	③	④
33	①	②	③	④
34	①	②	③	④
35	①	②	③	④
36	①	②	③	④
37	①	②	③	④
38	①	②	③	④
39	①	②	③	④
40	①	②	③	④
41	①	②	③	④
42	①	②	③	④
43	①	②	③	④
44	①	②	③	④
45	①	②	③	④
46	①	②	③	④
47	①	②	③	④
48	①	②	③	④

※ 주관식(단답형) 답은 뒷면에 기입하십시오.

주관식 1

주관식 2

※ 감독자만 기입하십시오.

	주관식1	주관식2	구술점수	감독자용
	⓪①②③④⑤	⓪①②③④⑤	⓪①②③	⓪①②③④⑤⑥⑦⑧⑨
	⓪①②③④⑤	⓪①②③④⑤		
	⓪①②③④⑤	⓪①②③④⑤		
	⓪①②③④⑤	⓪①②③④⑤		

사회통합프로그램 기본소양 평가답안지 □사전평가 □중간평가 □종합평가

※ 주관식(단답형) 답은 뒷면에 기입하십시오.

※ 감독자만 기입하십시오.

외국인등록번호

영문이름

시험지유형 Ⓐ Ⓑ

객관식

1	① ② ③ ④
2	① ② ③ ④
3	① ② ③ ④
4	① ② ③ ④
5	① ② ③ ④
6	① ② ③ ④
7	① ② ③ ④
8	① ② ③ ④
9	① ② ③ ④
10	① ② ③ ④
11	① ② ③ ④
12	① ② ③ ④
13	① ② ③ ④
14	① ② ③ ④
15	① ② ③ ④
16	① ② ③ ④
17	① ② ③ ④
18	① ② ③ ④
19	① ② ③ ④
20	① ② ③ ④
21	① ② ③ ④
22	① ② ③ ④
23	① ② ③ ④
24	① ② ③ ④
25	① ② ③ ④
26	① ② ③ ④
27	① ② ③ ④
28	① ② ③ ④
29	① ② ③ ④
30	① ② ③ ④
31	① ② ③ ④
32	① ② ③ ④
33	① ② ③ ④
34	① ② ③ ④
35	① ② ③ ④
36	① ② ③ ④
37	① ② ③ ④
38	① ② ③ ④
39	① ② ③ ④
40	① ② ③ ④
41	① ② ③ ④
42	① ② ③ ④
43	① ② ③ ④
44	① ② ③ ④
45	① ② ③ ④
46	① ② ③ ④
47	① ② ③ ④
48	① ② ③ ④

주관식 1

주관식 2

감독서명

구술형점수 ⓪ ① ② ③

주관식2 ⓪ ① ② ③ ④ ⑤

주관식1 ⓪ ① ② ③ ④ ⑤

절취선

사회통합프로그램 기본소양 평가답안지 □사전평가 □중간평가 □종합평가

외국인 등록번호

시험지 유형 Ⓐ Ⓑ

문항 이름

객관식

※ 주관식(단답형) 답은 윗면에 기입하십시오.

주관식 1

주관식 2

※ 감독자만 기입하십시오.

주관식1	주관식2	구술점수	감독 서명

절취선

사회통합프로그램 기본소양 평가답안지　□사전평가　□중간평가　□종합평가

※ 감독자만 기입하십시오.

감독서명	구술합격점수	구술시2	주관식2	주관식1

※ 주관식(단답형) 답은 뒷면에 기입하십시오.

객 관 식

영문 이름

시험지 유형　ⓐ　ⓑ

외 국 인 등 록 번 호

주관식 1

주관식 2

좋은 책을 만드는 길, 독자님과 함께 하겠습니다.

2024 시대에듀 사회통합프로그램 사전평가 실전 모의고사

개정8판4쇄 발행	2024년 08월 30일 (인쇄 2024년 06월 18일)
초 판 발 행	2016년 04월 20일 (인쇄 2016년 03월 23일)
발 행 인	박영일
책 임 편 집	이해욱
편 저	사회통합교육연구회
편 집 진 행	구설희 · 곽주영
표지디자인	김지수
편집디자인	장성복 · 홍영란
발 행 처	(주)시대고시기획
출 판 등 록	제10-1521호
주 소	서울시 마포구 큰우물로 75 [도화동 538 성지 B/D] 9F
전 화	1600-3600
팩 스	02-701-8823
홈 페 이 지	www.sdedu.co.kr
I S B N	979-11-383-5436-3(13300)
정 가	15,000원

THE LAST
모의고사

사회통합프로그램

온라인 모의고사

응시 방법

01
시대에듀 합격시대
홈페이지 접속
(sdedu.co.kr/pass_sidae_new)

02
홈페이지 우측 상단
「쿠폰 입력하고 모의고사 받자」
클릭

03
도서 앞표지
안쪽에 위치한
쿠폰 번호 확인 후 등록

04
내강의실 →
모의고사 → 합격시대 모의고사
클릭 후 응시

www.sdedu.co.kr/pass_sidae_new

진정한 한국인이 되기 위한
합격의 공식

POINT 1　어휘력 향상을 위한 가장 효율적인 방법

필수 문법으로
실력 다지기

+

풍부한 어휘로
기초 다지기

POINT 2　필요한 부분만 뽑아 공부하는 특별한 학습법

영역별
핵심 이론

+

기출 유형
완벽 반영

+

모의고사로
최종 마무리

POINT 3　빠른 국적 취득을 위한 남다른 전략

영역별
핵심 이론

+

모의고사로
최종 마무리

+

면접심사
최신 기출문제

- 한국어 선생님과 함께하는
  TOPIK 한국어 문법 Ⅰ·Ⅱ

- 체계적으로 익히는
  쏙쏙 TOPIK 한국어 어휘 초급·중급·고급

- 영역별 무료 동영상 강의로 공부하는
  TOPIK Ⅰ·Ⅱ 한 번에 통과하기, 실전 모의고사, 쓰기, 읽기 전략·쓰기 유형·말하기 표현 마스터, 기출 유형 문제집

- 저자만의 특별한 공식 풀이법으로 공부하는
  TOPIK Ⅰ·Ⅱ 단기완성

- 법무부 공인 교재를 완벽 반영한
  사회통합프로그램 사전평가 단기완성, 종합평가 한 권으로 끝내기
  사회통합프로그램 사전평가·중간평가·종합평가 실전 모의고사

- 귀화 면접심사와 사회통합프로그램 구술시험의 완벽 대비를 위한
  귀화 면접심사 & 사회통합프로그램 구술시험

※ 도서의 이미지 및 구성은 변경될 수 있습니다.

사회통합프로그램 시리즈로
사전평가부터 귀화 면접심사까지

완벽 대비!